Tapescript to accompany

Crescendo!

Francesca Italiano

University of Southern California

Irene Marchegiani Jones

California State University at Long Beach

HARCOURT COLLEGE PUBLISHERS

Fort Worth   Philadelphia   San Diego   New York   Orlando   Austin   San Antonio
Toronto   Montreal   London   Sydney   Tokyo

ISBN 0-03-031829-7

Indice generale

Capitolo **1**

L'individuo e la famiglia

Strutture

L'articolo determinativo

You will hear a series of singular and plural nouns. Add the appropriate definite article to each one. Follow the model and repeat each answer after the speaker.

> ESEMPIO: faccia
>
> **la faccia**

1. occhi//

   gli occhi//

2. orecchio//

   l'orecchio//

3. mano//

   la mano//

4. dito//

   il dito//

5. lineamenti//

   i lineamenti//

6. carattere//

   il carattere//

7. specchio//

   lo specchio//

8. anima//

   l'anima//

Harcourt, Inc.   **1**

9. lenti a contatto//

le lenti a contatto//

10. sguardo//

lo sguardo//

I nomi

A. Listen to the following nouns. Give the corresponding masculine or feminine form for each one with the appropriate definite article. Follow the model and repeat each answer after the speaker.

ESEMPIO: la sorella

il fratello

1. la madre//

il padre//

2. lo zio//

la zia//

3. il dottore//

la dottoressa//

4. il figlio//

la figlia//

5. la moglie//

il marito//

6. il collega//

la collega//

7. il suocero//

la suocera//

8. il cognato//

la cognata//

B. In your lab manual, write the singular or plural form of the nouns you hear with the appropriate definite article. Follow the model and repeat each answer after the speaker.

ESEMPIO: *You hear:* i professori

You write: il professore

You hear: il professore

You say: il professore

1. i bambini//

   il bambino//

2. lo zoccolo//

   gli zoccoli//

3. l'impermeabile//

   gli impermeabili//

4. le nipoti//

   la nipote//

5. la scarpa//

   le scarpe//

6. gli orologi//

   l'orologio//

Now check your answers with the key.

C. In your lab manual, write the singular or plural form of the nouns you hear with the appropriate definite article. Follow the model and repeat each answer after the speaker.

> ESEMPIO: *You hear:* gli autisti
>
> *You write:* l'autista
>
> *You hear:* l'autista
>
> *You say:* l'autista

1. le registe//

   la regista//

2. i colleghi//

   il collega//

3. la giacca//

   le giacche//

4. la faccia//

   le facce//

5. la mano//

   le mani//

6. le labbra//

   il labbro//

7. il paio//

   le paia//

8. l'uomo//

   gli uomini//

Now check your answers with the key.

Gli aggettivi

A. Complete the following sentences with the adjectives you hear, making all necessary agreements. Follow the model and repeat each answer after the speaker.

> ESEMPIO: Le cugine sono... (simpatico)
>
> **Le cugine sono simpatiche.**

1. La signora è... (anziano)//

   La signora è anziana.//

2. I signori sono... (stanco)//

   I signori sono stanchi.//

3. Le giacche sono... (grigio)//

   Le giacche sono grige.//

4. Il medico è... (egoista)//

   Il medico è egoista.//

5. Le strade sono... (lungo)//

   Le strade sono lunghe.//

6. Le ragazze sono... (felice)//

   Le ragazze sono felici.//

7. I pantaloni sono... (blu)//

   I pantaloni sono blu.//

8. Il problema è... (grave)//

   Il problema è grave.//

9. Le signore sono... (gentile)//

   Le signore sono gentili.//

10. Le donne sono... (altruista)//

    Le donne sono altruiste.//

B. Listen to the descriptions of the following people. Then, from the following cues, choose two adjectives that best describe each person. Make all necessary agreements. Follow the model and repeat each answer after the speaker.

> ESEMPIO: *You hear:* Giuliana aiuta sempre gli amici, anche se non lavora e non ha soldi.
>
> *You see:* Giuliana: povero/avaro/altruista/artistico
>
> *You say:* Giuliana è povera e altruista.

1. Lucia insiste per fare sempre quello che vuole lei, e non si preoccupa dei desideri e dei bisogni degli altri. Cambia spesso di umore e piange o ride facilmente.//

   Lucia è prepotente ed emotiva.//

2. Luciano è figlio unico. Abita con i genitori e i nonni che gli comprano sempre tutto ciò che vuole. Piange spesso senza motivo. Quando vengono a casa gli amici dei genitori non vuole salutarli e non vuole uscire dalla sua camera.//

   Luciano è timido e viziato.//

3. Adriana risponde sempre male a tutti e non saluta mai nessuno. Si crede superiore agli altri e critica sempre tutti.//

   Adriana è maleducata ed arrogante.//

Gli aggettivi e i pronomi possessivi

A. Answer the following questions using the cues you hear and the appropriate possessive adjective. Follow the model and repeat each answer after the speaker.

> ESEMPIO: Dov'è l'agenda di Paola? (nella borsa)
>
> **La sua agenda è nella borsa.**

1. Dove sono i tuoi occhiali? (sul tavolo)//
   I miei occhiali sono sul tavolo.//

2. Dov'è il professore di Giovanna e Mariella? (a scuola)//
   Il loro professore è a scuola.//

3. Dove sono le vostre giacche? (nell'armadio)//
   Le nostre giacche sono nell'armadio.//

4. Dov'è il ragazzo di Angela? (al mare)//
   Il suo ragazzo è al mare.//

5. Dov'è la tua macchina? (dal meccanico)//
   La mia macchina è dal meccanico.//

6. Dove sono i miei amici? (al bar)//

   I tuoi amici sono al bar.//

7. Dove sono i pantaloni di Mario? (sul letto)//

   I suoi pantaloni sono sul letto.//

8. Dove sono i vostri parenti? (a Brindisi)//

   I nostri parenti sono a Brindisi.//

B. Mario wants to know about your family and those of your friends. Answer his questions, using the cues you hear and the appropriate possessive adjective. Follow the model and repeat each answer after the speaker.

> ESEMPIO: Sono i cugini di Raffaello? (Sì)
>
> **Sì, sono i suoi cugini.**

1. È tua sorella? (No)//

   No, non è mia sorella.//

2. È tuo fratello? (Sì)//

   Sì, è mio fratello.//

3. Sono le cugine di Carlo e Giuliana? (Sì)//

   Sì, sono le loro cugine.//

4. Sono i tuoi fratelli? (Sì)//

   Sì, sono i miei fratelli.//

5. Sono i vostri nonni? (Sì)//

   Sì, sono i nostri nonni.//

6. È la mamma di Roberto? (No)//

   No, non è la sua mamma.//

7. È vostra zia? (Sì)//

   Sì, è nostra zia.//

8. È il nipotino di Paolo? (Sì)//

   Sì, è il suo nipotino.//

9. È la zia di Fabrizio e Giancarlo? (Sì)//

   Sì, è la loro zia.//

10. È il cugino di Loreta? (No)//

    No, non è suo cugino.//

C. Answer the following questions using a possessive pronoun and the cue you hear. Follow the model and repeat each answer after the speaker.

> ESEMPIO: La mia nipotina è dolce, e la tua? (viziata)
>
> **La mia è viziata.**

1. I miei amici sono estroversi, e i tuoi? (riservati)//

   I miei sono riservati.//

2. Nostro padre è autoritario, e il vostro? (permissivo)//

   Il nostro è permissivo.//

3. La mia ragazza è timida, e la tua? (socievole)//

   La mia è socievole.//

4. Le mie compagne sono ambiziose, e le tue? (furbe)//

   Le mie sono furbe.//

5. I vostri colleghi sono istruiti, e i loro? (ignoranti)//

   I loro sono ignoranti.//

6. Tua madre è in ufficio, dov'è la mia? (in banca)//

   La tua è in banca.//

Comprensione auditiva

Now stop the tape. In your lab manual, complete the prelistening activities (**Prepariamoci ad ascoltare**) and study the listening strategy section (**Strategie**).

Ascoltiamo

Alcuni invitati ad un matrimonio parlano di altri ospiti. Ascolta (più volte) le tre registrazioni e poi fa' gli esercizi nel tuo manuale d'ascolto.

Registrazione 1

DONNA 1: Chi è quel tizio con gli occhiali?

DONNA 2: Quale dici?

DONNA 1: Quello lì con i baffi, col bicchiere in mano. Sembra mezzo addormentato!

DONNA 2: Ah, quello senza giacca? È lo zio della sposa. Ti immagini? Non l'ho mai visto vestito bene. Almeno si fosse comprato un vestito decente per il matrimonio della nipote. Quanto mi è antipatico!

DONNA 1: Ha un'aria così depressa. Sembra un cane bastonato.

DONNA 2: È sempre così. Se ne sta sempre per conto suo e non parla mai con nessuno. Mah! Se ne poteva anche stare a casa. Non capisco proprio cosa sia venuto a fare al ricevimento.

Registrazione 2

DONNA 1: Senti, ma quello non è il fratello di... come si chiama... Adesso non mi viene il nome.

DONNA 2: Ma di chi dici? Di Matilde?

DONNA 1: Sì, sì, lui. Quanto mi è simpatico! Anni fa io avevo perso la testa per lui. Quasi non lo riconoscevo. Dio mio quanto è ingrassato! E poi con quella barba!

DONNA 2: Se l'è fatta crescere perché sta perdendo i capelli. Vedi come è diventato calvo? Com'è cambiato! Cosa vuoi, ormai, avrà più di cinquant'anni.

DONNA 1: Sì, però è sempre un bell'uomo.

DONNA 2: A me è sempre piaciuto. È un uomo che sa stare in compagnia.

Registrazione 3

DONNA: Guarda come si è fatta bella Alessandra!

UOMO: Sì, è proprio carina. È cambiata proprio tanto da quando era una ragazzina. Hai visto come sta bene con i capelli lunghi? Si è anche fatta bionda.

DONNA: Hai ragione, me la ricordavo quando era bruna! È anche dimagrita parecchio. Sembra un'altra!

UOMO: Sì, è vero, è proprio magra. Sembra una modella. Io me la ricordo quando era una ragazzina grassottella, con i capelli corti sempre sugli occhi. Hai visto quanti ragazzi le stanno intorno?

DONNA: Eh, che vuoi, è una bella ragazza!

Fine del capitolo 1.

La vita di tutti i giorni e i rapporti con gli altri

Strutture

I pronomi personali soggetto

A. Listen to each of the following sentences. Then in your lab manual write the appropriate subject pronoun for each verb. You will hear each sentence twice.

> ESEMPIO: *You hear:* È una signora sui cinquant'anni.
>
> *You write:* Lei

1. È simpatico e geniale.//

2. È una giovane professionista.//

3. Tornano sempre a casa all'ora di pranzo.//

4. Andiamo in palestra insieme ogni pomeriggio.//

5. Vi coricate molto presto la sera.//

6. Si mette sempre il rossetto prima di uscire.//

7. Ti alleni ogni giorno.//

8. Incontro gli amici al bar.//

Now check your answers with the key.

B. Listen to each of the following sentences and replace the subject with a subject pronoun. Follow the model and repeat each answer after the speaker.

> ESEMPIO: Carlo compie ogni mattina gli stessi gesti.
>
> **Lui compie ogni mattina gli stessi gesti.**

1. Lucia va spesso al cinema.//

   Lei va spesso al cinema.//

2. Io e Giovanni andiamo sempre d'accordo.//

   Noi andiamo sempre d'accordo./

3. Tu e Maria litigate spesso.//

   Voi litigate spesso.//

4. Paolo e Renata mangiano fuori.//

   Loro mangiano fuori.//

Il presente indicativo

A. Listen to each of the following sentences. Then form a new sentence by changing the verb according to the cue you hear. Do not repeat the subject pronoun. Follow the model and repeat each answer after the speaker.

      ESEMPIO: Lavoro ogni giorno. (lui)

                Lavora ogni giorno.

1. Mario finisce di lavorare alle sette. (io)//

   Finisco di lavorare alle sette.//

2. Incontriamo gli amici. (tu)//

   Incontri gli amici.//

3. Tu e Mario sollevate pesi ogni pomeriggio. (loro)//

   Sollevano pesi ogni pomeriggio.//

4. Guardo la televisione. (voi)//

   Guardate la televisione.//

5. Leggi un libro. (loro)//

   Leggono un libro.//

6. Prendiamo appunti. (voi)//

   Prendete appunti.//

7. Preferite fare delle spese. (noi)//

   Preferiamo fare delle spese.//

8. Dormo qualche oretta. (lei)//

   Dorme qualche oretta.//

B. Restate the following sentences, changing the verbs you hear to the plural. Follow the model and repeat each answer after the speaker.

ESEMPIO: Spedisco una lettera.

Spediamo una lettera.

1. Obbedisci ai genitori.//

   Obbedite ai genitori.//

2. Pulisce il garage la domenica.//

   Puliscono il garage la domenica.//

3. Offre un caffè ai colleghi.//

   Offrono un caffè ai colleghi.//

4. Restituisco la macchina a Cesare.//

   Restituiamo la macchina a Cesare.//

5. Servi la cena alle otto.//

   Servite la cena alle otto.//

6. Suggerisco cosa fare.//

   Suggeriamo cosa fare.//

C. Listen to the following verb phrases and subjects. Then in your lab manual write complete sentences using the cues you hear. Do not write the subject pronouns. You will hear each set of cues twice.

ESEMPIO: *You hear:*   dire buongiorno (io)

   You write: Dico buongiorno.

1. rimanere in ufficio fino alle otto (io)//

2. proporre un nuovo progetto (una collega)//

3. venire in ufficio (alcuni clienti)//

4. accogliere i clienti in ufficio (io)//

5. dovere discutere di molte cose (noi)//

6. volere un caffè (loro)//

7. scegliere un buon ristorante a mezzogiorno (loro)//

8. sapere sempre dove trovarmi (tutti)//

Now check your answers with the key.

Il presente indicativo dei verbi riflessivi

A. You will hear a series of statements. If the statement is logical, write **Sì** in the space provided in your lab manual. If it is illogical, write **No**. You will hear each statement twice.

1. Mi alzo alle sette del mattino.//

2. Prima mi vesto e poi mi tolgo il pigiama.//

3. Mi asciugo i capelli e poi mi pettino.//

4. Mi infilo i pantaloni e poi mi metto la camicia da notte.//

5. Mi metto il fondotinta e poi mi lavo il viso.//

6. Mi guardo nello specchio e mi spazzolo i capelli.//

Now check your answers with the key.

B. Listen to each of the following sentences. Then form a new sentence by changing the subject according to the cue you hear. Do not repeat the subject pronoun. Follow the model and repeat each answer after the speaker.

    ESEMPIO: Mi alzo alle sei. (lei)

               Si alza alle sei.

1. Carlo si rade ogni mattina. (tu)//

   Ti radi ogni mattina.//

2. Ci infiliamo le scarpe. (tu e Alberto)//

   Vi infilate le scarpe.//

3. Mi trucco per uscire. (noi)//

   Ci trucchiamo per uscire.//

4. Giovanna si asciuga i capelli. (Mario e Paolo)//

   Si asciugano i capelli.//

5. Ti vesti in fretta. (tu e Giuliana)//

   Vi vestite in fretta.//

6. Ci mettiamo il cappotto. (io)//

   Mi metto il cappotto.//

7. Paolo si pettina. (tu)//

   Ti pettini.//

8. Giovanna si toglie le scarpe. (noi)//

   Ci togliamo le scarpe.//

C. Answer the following questions using the cues you hear. Follow the model and repeat each answer after the speaker.

> ESEMPIO: A che ora ti addormenti? (alle undici)
>
> **Mi addormento alle undici.**

1. A che ora vi coricate? (a mezzanotte)//

   Ci corichiamo a mezzanotte.//

2. Quando ti ritrovi con gli amici? (la sera)//

   Mi ritrovo con gli amici la sera.//

3. Dove ci vediamo io e Carlo? (al ristorante)//

   Tu e Carlo vi vedete al ristorante.//

4. Quando ti cambi? (prima di uscire)//

   Mi cambio prima di uscire.//

5. Quando si telefonano Giovanna e Carla? (dopo le dieci)//

   Giovanna e Carla si telefonano dopo le dieci.//

6. Come vi rilassate? (con la musica)//

   Ci rilassiamo con la musica.//

D. Listen to the following verb phrases and subjects. Then in your lab manual write complete sentences using the cues you hear. Do not write the subject pronouns. You will hear each set of cues twice.

> ESEMPIO: *You hear:* svegliarsi presto (noi)
>
> *You write:* Ci svegliamo presto.

1. stancarsi durante il giorno (tu e tuo fratello)//

2. annoiarsi la sera (io)//

3. togliersi le scarpe (mio marito)//

4. mettersi a leggere il giornale (mia figlia)//

5. spogliarsi (i miei figli)//

6. infilarsi la vestaglia (io)//

Now check your answers with the key.

Le preposizioni

A. Answer the following questions using the cue you hear and the appropriate prepositional contraction. Follow the model and repeat each answer after the speaker.

> ESEMPIO: Dove vai? (cinema)
>
> **Vado al cinema.**

1. Dove andate? (nonna)//

   Andiamo dalla nonna.//

2. Da dove vieni? (università)//

   Vengo dall'università.//

3. A che ora vai a casa? (l'una)//

   Vado a casa all'una.//

4. A chi scrivi? (zii)//

   Scrivo agli zii.//

5. A chi telefoni? (professore)//

   Telefono al professore.//

6. Di chi parlate? (ragazzi)//

   Parliamo dei ragazzi.//

B. Your roommate can't find her things, so she asks you where they are. Answer her questions using the cues you hear and the appropriate prepositional contraction. Follow the model and repeat each answer after the speaker.

> ESEMPIO: Dov'è il mio spazzolino? (bagno)
>
> **È nel bagno.**

1. Dov'è il mio rossetto? (sedia)//

   È sulla sedia.//

2. Dove sono i miei vestiti? (armadio)//

   Sono nell'armadio.//

3. Dov'è la mia vestaglia? (letto)//

   È sul letto.//

4. Dove sono i miei libri? (zaino)//

   Sono nello zaino.//

L'articolo indeterminativo

A. You will hear a series of nouns. Add the indefinite article to each one. Follow the model and repeat each answer after the speaker.

     ESEMPIO: rapporto

              un rapporto

1. scherzo//

    uno scherzo//

2. amicizia//

    un'amicizia//

3. colpo di fulmine//

    un colpo di fulmine//

4. coppia//

    una coppia//

5. psicologo//

    uno psicologo//

B. You are telling your teacher about some people you know. Form sentences with the cues you hear, using the verb **essere** and the indefinite article when necessary. Make all necessary agreements. Follow the model and repeat each answer after the speaker.

     ESEMPIO: Paolo / socialista

              Paolo è socialista.

1. Giovanna / francese//

    Giovanna è francese.//

2. Roberto / comunista//

    Roberto è comunista.//

3. Renata / bravo avvocato//

    Renata è una brava avvocatessa.//

4. Paolo / ingegnere//

    Paolo è ingegnere.//

5. Mary / giovane americano//

    Mary è una giovane americana.//

Now stop the tape. In your lab manual, complete the prelistening activities (**Prepariamoci ad ascoltare**) and study the listening strategy section (**Strategie**).

Ascoltiamo

Nelle tre registrazioni che seguono sentirai alcune persone usare toni di voce e registri espressivi diversi. Ascolta (più volte) le registrazioni e poi fa' gli esercizi nel tuo manuale d'ascolto.

Registrazione 1

1. Buongiorno, Signorina, prego, si accomodi.

2. Sono stufa delle tue storie. Non voglio neanche discuterne. Lasciami!

3. Sono venuta per ringraziarLa e per discutere di quella questione.

4. Tu lo sai perché sono qui e non me ne vado finché non abbiamo chiarito tutto.

5. Ah, ho capito! Lei è sempre stata molto premurosa.

Registrazione 2

PADRE: Monica, per piacere, svegliati!! Ti ho chiesto già due volte di passarmi il pane!

MONICA: E va bene! Eccolo. Quante storie!!

PADRE: Io non capisco più niente in questa casa. Passo più di otto ore al giorno in ufficio a sgobbare e poi quando torno a casa, nessuno che mi ascolti e che mi dia retta. Non ne posso più! Non posso nemmeno mangiare un pezzo di pane in pace.

MADRE: Ma dai! Smettila! Cosa vuoi? Il pane te l'ha dato. Non vedo perché tu stai facendo tante storie. E basta! Cerchiamo di mangiare in pace una volta tanto! Ogni sera sempre uguale in questa casa!

PADRE: Monica, non ti sei ancora tagliata i capelli? Ce l'hai sempre sugli occhi. Non so come fai a vederci!

MONICA: Ma se si usano così! Tu non capisci niente.

PADRE: E tu, Fabrizio, dimmi un po', com'è andato l'esame oggi?

FABRIZIO: Insomma, poteva andar meglio. Quel professore mi odia. Lo fa apposta. Mi domanda sempre quello che non so.

PADRE: Se tu studiassi di più sapresti rispondere a tutte le sue domande e non le troveresti poi così difficili. Ma tu, invece di studiare, te ne vai in giro con gli amici a divertirti. Io che faccio tanti sacrifici per mandarti a scuola e tu che invece non riesci a combinare un bel niente.

FABRIZIO: Uffa! Mi sono proprio stufato. Ma si può sapere perché ce l'hai sempre con me? Guarda che io andrei volentieri a lavorare, piuttosto che annoiarmi a scuola a sentire le solite stupidaggini dei professori.

PADRE: E va bene. Se la pensi così, vuol dire che da domani vieni a lavorare con me. Chiuso con la scuola.

Registrazione 3

UOMO: Non è ancora arrivato l'ingegner Marini? Possibile? Avevamo appuntamento per le nove e mezza. Non capisco proprio cosa gli sia successo. Io non ho tempo da perdere. Se arriva, lo faccia entrare immediatamente. Chi è al telefono?

SEGRETARIA: È il dottor Chiarini. Vuole sapere se può riceverlo nel pomeriggio.

UOMO: Ma cosa vuole! Gli ho già parlato ieri. Gli dica che non ho tempo... che sono partito; insomma, gli dica quello che vuole.

SEGRETARIA: Ha chiamato anche un certo Zamboni.

UOMO: Ah, finalmente si è fatto vivo. Prenda nota, se dovesse richiamare, gli dica che ho deciso di accettare la sua offerta.

SEGRETARIA: E all'ingegner Settembrini, cosa devo dire?

UOMO: Ah, beh, sì. Settembrini, eh? Bene, bene. Mi prenda un appuntamento per la settimana prossima. Poi avverta mia moglie che stasera sono fuori a cena.

Fine del capitolo 2.

I giovani e il tempo libero

Strutture

Il passato prossimo

A. Restate the following sentences, changing the verb from the present to the present perfect. Follow the model and repeat each answer after the speaker.

ESEMPIO: Ascoltiamo la musica.

Abbiamo ascoltato la musica.

1. Aspetti gli amici.//

    Hai aspettato gli amici.//

2. I ragazzi vanno a teatro.//

    I ragazzi sono andati a teatro.//

3. Gioco a tennis.//

    Ho giocato a tennis.//

4. Carlo vende il motorino. //

    Carlo ha venduto il motorino.//

5. Dormiamo poche ore.//

    Abbiamo dormito poche ore.//

6. Giovanna parte per il week-end.//

    Giovanna è partita per il week-end.//

7. Puliscono la loro stanza.//

    Hanno pulito la loro stanza.//

8. Le ragazze arrivano dopo cena.//

    Le ragazze sono arrivate dopo cena.//

B. Answer the following questions, using the **passato prossimo** and the cues you hear. Follow the model and repeat each answer after the speaker.

    ESEMPIO: Che cosa hai fatto? (leggere un libro)

                Ho letto un libro.

1. Che cosa avete fatto? (scrivere una lettera)//

    Abbiamo scritto una lettera.//

2. Che cosa hanno fatto? (accendere la radio)//

    Hanno acceso la radio. //

3. Che cosa hai fatto? (vedere un film)//

    Ho visto un film.//

4. Che cosa ha fatto Renata? (venire alla festa)//

    Renata è venuta alla festa.//

5. Che cosa hai fatto? (spegnere la televisione)//

    Ho spento la televisione.//

6. Che cosa hanno fatto Roberto e Anna? (rimanere a casa)//

    Roberto e Anna sono rimasti a casa.//

7. Che cosa abbiamo fatto io e Giuseppe? (vincere la partita)//

    Tu e Giuseppe avete vinto la partita.//

8. Che cosa hai fatto? (prendere un gelato)//

    Ho preso un gelato.//

C. Explain what you and your friends did last weekend. In your lab manual, write complete sentences using the subject and verb cues you hear. Do not write the subject pronouns. You will hear each set of cues twice.

    ESEMPIO: *You hear:* svegliarsi presto (tu)

                    You write: Ti sei svegliato presto.

1. addormentarsi tardi (noi)//

2. stancarsi molto (Paolo)//

3. divertirsi alla festa (Renata e Maria)//

4. ritrovarsi in discoteca (tu e Luigi)//

5. prepararsi per uscire (Lorena)//

6. vestirsi bene (Pietro e Paolo)//

7. mettersi un bel vestito (Rosalba)//

8. perdersi per strada (tu e Roberto)//

Now check your answers with the key.

D. You ask your friends what they want to do. They respond, telling you that they have already done what you suggested. Follow the model and repeat each answer after the speaker.

> ESEMPIO: Carlo, vuoi rilassarti?
>
> **Mi sono già rilassato.**

1. Ragazzi, volete nuotare?//

   Abbiamo già nuotato.//

2. Paolo, vuoi toglierti le scarpe?//

   Mi sono già tolto le scarpe.//

3. Ragazzi, volete riposarvi?//

   Ci siamo già riposati.//

4. Carlo, vuoi scegliere un film?//

   Ho già scelto un film.//

5. Ragazzi, volete rispondere a Carlo?//

   Abbiamo già risposto a Carlo.//

6. Paolo, vuoi decidere dove andare?//

   Ho già deciso dove andare.//

7. Ragazzi, volete mettere la macchina in garage?//

   Abbiamo già messo la macchina in garage.//

8. Carlo, vuoi chiudere la porta?//

   Ho già chiuso la porta.//

Il negativo

A Change the following sentences to the negative using the cues you hear. Follow the model and repeat each answer after the speaker.

> ESEMPIO: Luigi è sempre obbediente. (non... mai)
>
> **Luigi non è mai obbediente.**

1. Paolo è molto immaturo. (non... affatto)//

   Paolo non è affatto immaturo.//

2. Giovanna è disobbediente ed egoista. (non... né... né)//

   Giovanna non è né disobbediente né egoista.//

3. Renata è sempre disinvolta. (non... mai)//

   Renata non è mai disinvolta.//

4. Roberto si interessa di tutto. (non... niente)//

   Roberto non si interessa di niente.//

5. Paolo guadagna già molti soldi. (non... ancora)//

   Paolo non guadagna ancora molti soldi.//

6. Giovanna e Roberto stanno ancora insieme. (non... più)//

   Giovanna e Roberto non stanno più insieme.//

B. Answer the following questions in the negative, using the appropriate form of the adjective **nessuno**. Follow the model and repeat each answer after the speaker.

> ESEMPIO: Hai molti amici?
>
> **Non ho nessun amico.**

1. Pratichi uno sport?//

   Non pratico nessuno sport.//

2. Avete molti passatempi?//

   Non abbiamo nessun passatempo.//

3. Hai una comitiva preferita?//

   Non ho nessuna comitiva preferita.//

4. Avete molte ambizioni?//

   Non abbiamo nessun'ambizione.//

C. Your grandfather asks you and your friends about your hobbies and interests. Answer his questions using **non** and an appropriate negative expression. Follow the model and repeat each answer after the speaker.

> ESEMPIO: Quando fai la vela?
>
> **Non faccio mai la vela.**

1. Giocate a pallacanestro o a pallavolo?//

   Non giochiamo né a pallacanestro né a pallavolo.//

2. Hai ancora l'hobby della fotografia?//

   Non ho più l'hobby della fotografia.//

3. Quando vai a cavallo?//

   Non vado mai a cavallo.//

4. Avete già visto la mostra?//

   Non abbiamo ancora visto la mostra.//

5. Con chi sei andato al concerto?//

   Non sono andato con nessuno.//

6. Vi siete divertiti molto?//

   Non ci siamo divertiti affatto.//

I pronomi diretti

A. Answer the following questions by replacing the nouns with direct object pronouns and using the cues you hear. Follow the model and repeat each answer after the speaker.

    ESEMPIO: Vedi Luca? (Sì)

                Sì, lo vedo.

1. Leggi il programma? (No)//

   No, non lo leggo.//

2. Portate le bevande? (Sì)//

   Sì, le portiamo.//

3. Comprate i biglietti? (No)//

   No, non li compriamo.//

4. Ordini la pizza? (Sì)//

   Sì, la ordino.//

B. Answer the following questions in the negative. Follow the model and repeat each answer after the speaker.

    ESEMPIO: Serena, mi aspetti?

                No, non ti aspetto.

1. Giovanna e Mario, ci incontrate al cinema?//

   No, non vi incontriamo al cinema.//

2. Signora, mi capisce?//

    No, non La capisco.//

3. Roberto, mi inviti?//

    No, non ti invito.//

4. Luigi e Paolo, vi accompagniamo?//

    No, non ci accompagnate.//

5. Signore, La conosco?//

    No, non mi conosce.//

6. Francesca, ti vedo domani?//

    No, non mi vedi domani.//

7. Signori, Li cercano domani?//

    No, non ci cercano domani.//

C. Your mother wants to know when you and your friends did the following things. Answer her questions by replacing the nouns with direct object pronouns and using the cues you hear. Follow the model and repeat each answer after the speaker.

    ESEMPIO: Quando hai visto il film? (ieri sera)

                L'ho visto ieri sera.

1. Quando hai incontrato Mario e Paolo? (questa mattina)//

    Li ho incontrati questa mattina.//

2. Quando avete mangiato la pizza? (domenica)//

    L'abbiamo mangiata domenica.//

3. Quando hai comprato questi dischi? (ieri pomeriggio)//

    Li ho comprati ieri pomeriggio.//

4. Quando hai accompagnato Giovanna e Tina? (due ore fa)//

    Le ho accompagnate due ore fa.//

5. Quando hai conosciuto Alberto? (un mese fa)//

    L'ho conosciuto un mese fa.//

6. Quando hai chiamato le tue cugine? (pochi giorni fa)//

    Le ho chiamate pochi giorni fa.//

I pronomi indiretti

A. Restate the following sentences, replacing the indirect object with the appropriate indirect object pronoun. Follow the models and repeat each answer after the speaker.

ESEMPI: Scriviamo a voi.

Vi scriviamo.

Scriviamo alla nostra amica.

Le scriviamo.

1. Somigli a tuo padre.//

   Gli somigli.//

2. Insegna l'inglese ai bambini.//

   Gli insegna l'inglese.//

3. Compriamo un regalo per te.//

   Ti compriamo un regalo.//

4. Prepara la cena per voi.//

   Vi prepara la cena.//

5. Regalano un disco a me.//

   Mi regalano un disco.//

6. Dite la verità a noi.//

   Ci dite la verità.//

7. Leggi l'articolo a tua sorella.//

   Le leggi l'articolo.//

8. Mostrate la città a Fabio.//

   Gli mostrate la città.//

B. Answer the following questions by replacing the noun with an indirect object pronoun and using the cues you hear. Follow the model and repeat each answer after the speaker.

ESEMPIO: Avete telefonato a Filippo? (Sì)

Sì, gli abbiamo telefonato.

1. Hai scritto ai tuoi fratelli? (No)//

   No, non gli ho scritto.//

2. Avete chiesto ad Anna un'informazione? (Sì)//

   Sì, le abbiamo chiesto un'informazione.//

3. Hai parlato al professore? (Sì)//

   Sì, gli ho parlato.//

4. Avete risposto alla ragazza? (No)//

   No, non le abbiamo risposto.//

C. Answer the following questions in the affirmative. Follow the model and repeat each answer after the speaker.

    ESEMPIO: Mi compri un libro?

                Sì, ti compro un libro.

1. Ci invitate?//

   Sì, vi invitiamo.//

2. Vi conoscono?//

   Sì, ci conoscono.//

3. Mi spieghi cos'è?//

   Sì, ti spiego cos'è.//

4. Ti consiglia bene?//

   Sì, mi consiglia bene.//

5. Professore, mi telefona domani?//

   Sì, Le telefono domani.//

6. Dottore, mi cerca questa sera?//

   Sì, La cerco questa sera.//

D. Your father asks you about your new group of friends. Answer his questions, using the cues you hear and a direct or indirect object pronoun. Follow the model and repeat each answer after the speaker.

    ESEMPIO: Quando hai visto i tuoi amici? (ieri sera)

                Li ho visti ieri sera.

1. Dove hai conosciuto i tuoi nuovi amici? (a scuola)//

   Li ho conosciuti a scuola.//

2. Telefoni spesso ai tuoi amici? (ogni tanto)//

   Gli telefono ogni tanto.//

3. Quando hai parlato a Paola? (stamattina)//

   Le ho parlato stamattina.//

4. Dove hai incontrato Paola? (al bar)//

   L'ho incontrata al bar.//

5. Quando hai chiamato Giulio? (un'ora fa)//

   L'ho chiamato un'ora fa.//

6. Che cosa hai restituito a Giulio? (la macchina)//

   Gli ho restituito la macchina.//

Comprensione auditiva

Now stop the tape. In your lab manual, complete the prelistening activities (**Prepariamoci ad ascoltare**) and study the listening strategy section (**Strategie**).

Ascoltiamo

Tre amici discutono sui programmi per la serata. Ascolta (più volte) la registrazione e poi fa' gli esercizi nel tuo manuale d'ascolto.

Registrazione

ALDO: Che si fa stasera? Si esce?

MARIELLA: Ma, non lo so, io veramente avrei tante cose da fare. Non ho nemmeno voglia di vestirmi per uscire. Quasi quasi starei a casa. Perché, tu volevi fare qualcosa? Io veramente non ne ho tanta voglia. Che pensavi di fare?

PIETRO: Ma dai, su, che fai a casa tutta la sera?!

MARIELLA: Beh, non lo so, humh, che viene anche Giovanna?

ALDO: Lei ha detto che veniva se si andava al cinema.

MARIELLA: Che film ci sono in giro? C'è qualcosa di nuovo?

PIETRO: Aspetta, dovrei avere il giornale da qualche parte... Eccolo. Dunque, vediamo... humh... In questi giorni ci sono molti cinema chiusi per l'estate. A me piacerebbe vedere questo film americano *L'ultimo dei Mohicani*. Lo fanno all'Odeon.

ALDO: A che ora inizia?

PIETRO: Incomincia alle ventuno e trenta, ma chissà quanto dura.

MARIELLA: Lì mi piacerebbe perché c'è l'aria condizionata.

PIETRO: Sì, ma il biglietto costa dodicimila lire.

ALDO: Io veramente volevo vedere *Balla con i lupi.* L'hanno visto tutti, solo io no.

PIETRO: Proprio no, ti prego. L'ho già visto due volte. E stasera veramente non mi va di rivederlo. È anche un po' lungo... !

ALDO: Fammi un po' vedere il giornale. Aspetta... Ci sarebbe anche quest'altro, *La bella e la bestia.*

MARIELLA: No, per carità, i cartoni animati no, che io mi addormento.

PIETRO: A me piacerebbe! Dove lo fanno?

ALDO: All'Astro e costa solo ottomila lire. Comincia anche prima e di sicuro non è tanto lungo.

MARIELLA: A che ora inizia?

ALDO: Alle otto e mezza.

PIETRO: Beh, allora, guarda. Fanno anche un film italiano al Belvedere.

ALDO: Di chi è?

PIETRO: Dev'essere bello. È di Pupi Avati.

MARIELLA: Quanto costa il biglietto?

ALDO: Ottomila lire.

PIETRO: Se no, sai che cosa si potrebbe fare? Si potrebbe andare al Teatro Romano di Fiesole.

ALDO: Cosa c'è?

PIETRO: C'è *Le amiche del diavolo.* Che sarà?

MARIELLA: Dev'essere una commedia. Ma sei sicuro che è proprio oggi?

PIETRO: Guarda. Qui dice il ventinove luglio. Che giorno è oggi? Questo è il giornale di oggi, no?

ALDO: Ma no, andiamo al cinema. Perché non andiamo a vedere *Come l'acqua per il cioccolato?* Lo fanno al Manzoni.

MARIELLA: A che ora?

ALDO: Alle ventidue e trenta.

MARIELLA: E l'ingresso, quant'è?

ALDO: Qui dice diecimila.

PIETRO: Sentite un po'. Veramente io non ho ancora visto questo qui, *Il silenzio degli innocenti.*

ALDO: Dove lo danno? L'ho già visto ma non mi dispiacerebbe rivederlo.

PIETRO: Lo danno al Supercinema. Ce n'è uno che comincia alle sette e un quarto. Così poi si va anche a prendere una pizza.

MARIELLA: E il biglietto?

PIETRO: Anche questo ottomila lire. Allora che facciamo? Io devo far sapere qualcosa a Giovanna.

MARIELLA: Andiamo al Supercinema a vedere *Il silenzio degli innocenti*.

ALDO: Bene. Così poi si va alla pizzeria da Teo che è proprio di fronte al cinema.

PIETRO: Giovanna torna a casa alle otto. Non ce la farà a venire al cinema. Aspettate che le telefono. Che ore sono? Vediamo un po'... sono le cinque. A quest'ora sarà fuori con un cliente. Le lascio un messaggio con la segretaria.

Fine del capitolo 3.

4 *Ricordi d'infanzia e d'adolescenza*

Strutture

L'imperfetto indicativo

A. Listen to each of the following sentences. Then form a new sentence by substituting the cue you hear. Do not repeat the subject pronoun. Follow the model and repeat each answer after the speaker.

> ESEMPIO: Uscivi di scuola a mezzogiorno. (io)
>
> **Uscivo di scuola a mezzogiorno.**

1. Andavo a casa a pranzo. (lui)//

    Andava a casa a pranzo.//

2. Prendevamo l'autobus. (voi)//

    Prendevate l'autobus.//

3. Ti riposavi fino alle quattro. (io)//

    Mi riposavo fino alle quattro.//

4. Vi mettevate a studiare alle cinque. (noi)//

    Ci mettevamo a studiare alle cinque.//

5. Aprivano la cartella. (voi)//

    Aprivate la cartella.//

6. Finivo i compiti alle sette. (tu)//

    Finivi i compiti alle sette.//

7. Incontravi gli amici in piazza. (loro)//

    Incontravano gli amici in piazza.//

8. Giocavi a pallone con gli amici. (io)//

    Giocavo a pallone con gli amici.//

9. Rientravamo prima delle otto. (lei)//

Rientrava prima delle otto.//

10. Mi divertivo molto. (noi)//

Ci divertivamo molto.//

B. Say what the following people were doing yesterday when the teacher entered the classroom. Answer each question, using the imperfect and the cue you hear. Follow the model and repeat each answer after the speaker.

ESEMPIO: Cosa faceva Matteo? (bere l'aranciata)

Matteo beveva l'aranciata.

1. Cosa facevano gli alunni? (dire buongiorno)//

Gli alunni dicevano buongiorno.//

2. Cosa facevate? (tradurre dal latino)//

Traducevamo dal latino.//

3. Cosa faceva Carla? (contraddire i compagni)//

Carla contraddiceva i compagni.//

4. Cosa facevate? (essere in classe)//

Eravamo in classe.//

5. Cosa faceva Giulio? (comporre una poesia)//

Giulio componeva una poesia.//

6. Cosa facevi? (bere una Coca-cola)//

Bevevo una Coca-cola.//

C. Imagine that when you were ten years old, your family decided to move to a new neighborhood. Describe the day you moved to a friend by changing the following sentences from the present to the past. Follow the model and repeat each answer after the speaker.

ESEMPIO: È domenica.

Era domenica.

1. Siamo in inverno.//

Eravamo in inverno.//

2. È il 21 gennaio.//

Era il 21 gennaio.//

3. Fa freddo e nevica.//

   Faceva freddo e nevicava.//

4. Sono le sei di sera.//

   Erano le sei di sera.//

5. Ho dieci anni.//

   Avevo dieci anni.//

6. Porto un cappotto pesante.//

   Portavo un cappotto pesante.//

7. Io e mia sorella siamo tristi.//

   Io e mia sorella eravamo tristi.//

8. I miei genitori aspettano in macchina.//

   I miei genitori aspettavano in macchina.//

D. You are telling your grandmother what you and your friends did last Saturday. Imagine that she responds by saying she and her friends never used to do those things when she was your age. Follow the model and repeat each answer after the speaker.

ESEMPIO: Ieri abbiamo cenato in pizzeria.

Noi non cenavamo mai in pizzeria.

1. Ho dormito fino a tardi.//

   Io non dormivo mai fino a tardi.//

2. Mi sono svegliato alle undici.//

   Io non mi svegliavo mai alle undici.//

3. Ho fatto dello sport.//

   Io non facevo mai dello sport.//

4. Io e i miei amici siamo andati in piscina.//

   Io e i miei amici non andavamo mai in piscina.//

5. Ho ballato in discoteca.//

   Io non ballavo mai in discoteca.//

6. Siamo rimasti fuori tutta la sera.//

   Noi non rimanevamo mai fuori tutta la sera.//

E. Paola is explaining what she did yesterday. Listen to her description of how she spent the day. You will hear a beep in place of the verbs. In your lab manual, circle the form of the verb needed to complete each sentence. You will hear each sentence in the story twice.

1. Ieri non (*beep*) a scuola.// 2. (*beep*) freddo.// 3. Io non (*beep*) bene.// 4. (*beep*) la febbre e mal di stomaco.// 5. (*beep*) a letto tutto il giorno.// 6. La maestra (*beep*) a casa.//

7. Lei (*beep*) a mia madre i compiti per il giorno dopo.// 8. La sera io (*beep*) meglio.//

9. (*beep*) i compiti.// 10. Dopo cena Giovanni (*beep*) a trovarmi.// 11. Lui (*beep*) un nuovo gioco di carte.// 12. Noi (*beep*) tutta la sera.//

Now check your answers with the key.

Il verbo piacere ed altri verbi simili

A. Listen to the following series of cues and then write complete sentences in your lab manual to indicate what each person likes. Use the appropriate indirect object pronoun. You will hear each set of cues twice.

ESEMPIO: *You hear:* il nostro quartiere (a mia madre)

You write: Le piace il nostro quartiere.

1. la campagna (a mio padre)//

2. la periferia (a te)//

3. il nostro palazzo (a mia sorella)//

4. i suoi professori (a mio fratello)//

5. i miei amici (a me)//

6. scherzare (a noi)//

Now check your answers with the key.

B. Answer the following questions using the cues you hear and the appropriate verb form. Follow the model and repeat each answer after the speaker.

ESEMPIO: Che cosa ti occorre? (più soldi)

Mi occorrono più soldi.

1. Che cosa vi serve? (una cartella nuova)//

Ci serve una cartella nuova.//

2. Che cosa ti è piaciuto? (la storia)//

Mi è piaciuta la storia.//

3. Che cosa mi serve per l'esame? (le matite rosse)//

   Ti servono le matite rosse.//

4. Che cosa vi basta? (l'amicizia)//

   Ci basta l'amicizia.//

5. Che cosa ti è mancato? (la montagna)//

   Mi è mancata la montagna.//

6. Che cosa vi è restato? (molti ricordi)//

   Ci sono restati molti ricordi.//

C. You are telling a friend about a summer vacation spent in the mountains with your family. Listen to the cues and explain what each person liked, using the appropriate indirect object pronoun. Follow the model and repeat each answer after the speaker.

> ESEMPIO: i campi da tennis (a mio fratello)
>
> **Gli piacevano i campi da tennis.**

1. i vicini (a mia madre)//

   Le piacevano i vicini.//

2. fare passeggiate (a me)//

   Mi piaceva fare passeggiate.//

3. i fiori (a mio padre)//

   Gli piacevano i fiori.//

4. le serate in casa (a noi)//

   Ci piacevano le serate in casa.//

Ci

A. Answer the following questions using **ci** and the cue you hear. Follow the model and repeat each answer after the speaker.

> ESEMPIO: Con chi sei andato a scuola? (con Mario)
>
> **Ci sono andato con Mario.**

1. Quando vai in città? (più tardi)//

   Ci vado più tardi.//

2. Fino a che ora resti a casa? (fino alle due)//

   Ci resto fino alle due.//

3. Quando andate in montagna? (ad agosto)//

   Ci andiamo ad agosto.//

4. A che ora vieni da me? (alle sei)//

   Ci vengo alle sei.//

5. Da quanto tempo abitano a Roma? (da tre anni)//

   Ci abitano da tre anni.//

6. Quando sei tornata in Calabria l'ultima volta? (l'estate scorsa)//

   Ci sono tornata l'estate scorsa.//

B. You are asking your grandfather about some basic values of his generation. Imagine his responses by answering each of the following questions in the affirmative using **ci.** Follow the model and repeat each answer after the speaker.

> ESEMPIO: Credevate nei diritti dell'individuo?
>
> **Sì, ci credevamo.**

1. Credevi in Dio?//

   Sì, ci credevo.//

2. Pensavate alle ingiustizie sociali?//

   Sì, ci pensavamo.//

3. Riuscivi a trovare tempo per divertirti?

   Sì, ci riuscivo.//

4. Provavate ad aiutare i poveri?//

   Sì, ci provavamo.//

5. Contavate sulla famiglia?//

   Sì, ci contavamo.//

Ne

A. Answer the following questions in the affirmative using **ne** and the cue you hear. Follow the model and repeat each answer after the speaker.

> ESEMPIO: Hai ordinato le pizze? (due)
>
> **Sì, ne ho ordinate due.**

1. Hai comprato le cartoline? (dodici)//

   Sì, ne ho comprate dodici.//

2. Avete mandato gli inviti? (cento)//

   Sì, ne abbiamo mandati cento.//

3. Hanno mangiato il gelato? (un po')//

   Sì, ne hanno mangiato un po'.//

4. Giulia ha rivisto le vecchie compagne? (alcune)//

   Sì, ne ha riviste alcune.//

B. Answer the following questions using **ne** and the cue you hear. Follow the model and repeat each answer after the speaker.

> ESEMPIO: Hai paura degli esami? (Sì)
>
> **Sì, ne ho paura.**

1. Hai bisogno di un consiglio? (No)//

   No, non ne ho bisogno.//

2. Avete discusso dei tempi passati? (Sì)//

   Sì, ne abbiamo discusso.//

3. Hai voglia di uscire? (No)//

   No, non ne ho voglia.//

4. Avete parlato dei vostri professori? (Sì)//

   Sì, ne abbiamo parlato.//

C. Roberto is curious about your grandparents' house. Answer his questions, using **ci** or **ne** and the cues you hear. Follow the model and repeat each answer after the speaker.

> ESEMPIO: Hanno molti mobili antichi? (Sì)
>
> **Sì, ne hanno molti.**

1. Hanno molte camere? (Sì)//

   Sì, ne hanno molte.//

2. Hanno due televisori? (Sì)//

   Sì, ne hanno due.//

3. Il nonno passa molto tempo nello studio? (No)//

   No, il nonno non ci passa molto tempo.//

4. Riescono a mantenerla da soli? (No)//

   No, non ci riescono.//

5. Hanno bisogno di aiuto? (Sì)//

   Sì, ne hanno bisogno.//

Now stop the tape. In your lab manual, complete the prelistening activities (**Prepariamoci ad ascoltare**) and study the listening strategy section (**Strategie**).

Ascoltiamo

Nella seguente registrazione sentirai un uomo e una donna discutere. Ascolta (più volte) la registrazione e poi fa' gli esercizi nel tuo manuale d'ascolto.

Registrazione

MAESTRO: Signora, l'ho mandata a chiamare perché purtroppo devo dirle che se il suo ragazzo continua così non ce la farà a passare. Non so come spiegarmelo, ma ultimamente non è più come prima. Era sempre attento, faceva i compiti tutti i giorni. Era un piacere averlo in classe. Anche gli altri professori si sono lamentati. È un peccato, perché il ragazzo è chiaramente capace. Secondo me, però, dovrebbe applicarsi un pochino di più, non tanto in italiano, quanto piuttosto nelle altre materie. Quando lo interrogo non è mai preparato.

MADRE: Oddio! Ora che lo dico a suo padre... sarà furioso. Il ragazzo non è stato mai bocciato... Non è stato mai nemmeno rimandato. Ha sempre preso voti buoni. Da bambino andava così bene a scuola. Era un angelo anche a casa, era buono, dolce, studioso. La scuola gli piaceva tanto. Effettivamente ho notato che anche a casa non si impegna più e sembra distratto. È difficile farlo applicare. Mah, sarà l'età! Cosa mi consiglia di fare?

MAESTRO: Ma, signora, è un po' difficile darle un consiglio. Bisogna vedere da dove nasce il problema: se è un problema di comprensione o di disattenzione. Forse sarà il caso di dargli un aiuto, di farlo seguire da qualcuno.

MADRE: Allora, mi consigla di mandarlo a ripetizione?

MAESTRO: Direi di sì. A questo punto dell'anno non è più possibile indugiare e se il ragazzo ha delle lacune è bene che venga aiutato subito.

Fine del capitolo 4.

Il lavoro e le prospettive per il futuro

Strutture

Il futuro

A. Say what the following people will do. Answer each question using the future and the cue you hear. Follow the model and repeat each answer after the speaker.

ESEMPIO: Che cosa farà Fabrizio? (seguire un corso)

Fabrizio seguirà un corso.

1. Che cosa farai? (diplomarsi)//

    Mi diplomerò.//

2. Che cosa farete? (cercare un posto)//

    Cercheremo un posto.//

3. Che cosa faranno? (cominciare a lavorare)//

    Cominceranno a lavorare.//

4. Che cosa farò? (leggere gli annunci)//

    Leggerai gli annunci.//

5. Che cosa faremo io e Luigi? (finire gli studi)//

    Tu e Luigi finirete gli studi.//

6. Che cosa farete? (preparare un curriculum)//

    Prepareremo un curriculum.//

7. Che cosa farai? (trasferirsi all'estero)//

    Mi trasferirò all'estero.//

8. Che cosa faranno? (spedire la lettera)//

    Spediranno la lettera.//

B. Listen to each of the following sentences. Then in your lab manual write a new sentence by changing the verb from the present to the future. You will hear each sentence twice.

> ESEMPIO: *You hear:* Stefano beve un'aranciata.
>
> *You write:* Stefano berrà un'aranciata.

1. Do il curriculum all'avvocato.//

2. Stiamo a casa.//

3. Vanno in Germania.//

4. Vive a Roma.//

5. Rimaniamo in ufficio.//

6. So la verità.//

7. Conduciamo una vita tranquilla.//

8. Siete a casa.//

9. Vedono Giovanni.//

10. Abbiamo fame.//

11. Propongo di partire.//

12. Dobbiamo finire.//

Now check your answers with the key.

C. Your friend, Chiara, just started a new job in Rome. You and your roommate are trying to imagine what she does every day. Answer your roommate's questions using the cues you hear and the future of probability. Follow the model and repeat each answer after the speaker.

> ESEMPIO: A che ora va a lavorare? (alle nove)
>
> **Andrà a lavorare alle nove.**

1. A che ora si sveglia ogni giorno? (alle sette)//
   Si sveglierà alle sette.//

2. Dove mangia a mezzogiorno? (alla mensa)//
   Mangerà alla mensa.//

3. A che ora esce dall'ufficio? (alle sette)//
   Uscirà dall'ufficio alle sette.//

4. Ha molti amici nuovi? (No)//
   No, non avrà molti amici nuovi.//

5. Dove cena ogni sera? (a casa)//

Cenerà a casa.//

6. È felice? (Sì)//

Sì, sarà felice.//

D. Say what the following people will have done by the end of the week by changing the following sentences from the **futuro semplice** to the **futuro anteriore.** Follow the model and repeat each answer after the speaker.

> ESEMPIO: Riccardo troverà un posto.
>
> **Riccardo avrà trovato un posto.**

1. Luisa partirà.//

Luisa sarà partita.//

2. Scriveremo le lettere.//

Avremo scritto le lettere.//

3. Sosterrò il colloquio.//

Avrò sostenuto il colloquio.//

4. Mario e Luigi torneranno a Milano.//

Mario e Luigi saranno tornati a Milano.//

5. Conosceremo il nostro datore di lavoro.//

Avremo conosciuto il nostro datore di lavoro.//

6. Tu e Paolo vi vedrete.//

Tu e Paolo vi sarete visti.//

E. Say who probably did the following things last week. Answer each question using the **futuro anteriore** and the cue you hear. Follow the model and repeat each answer after the speaker.

> ESEMPIO: Chi è andato al cinema? (Francesco)
>
> **Francesco sarà andato al cinema.**

1. Chi ha pagato la cena? (Mario)//

Mario avrà pagato la cena.//

2. Chi ha venduto il motorino? (Paolo e Renata)//

Paolo e Renata avranno venduto il motorino.//

3. Chi è arrivato da Napoli? (Mario)//

Mario sarà arrivato da Napoli.//

4. Chi ti ha telefonato? (Luisa)//

   Luisa mi avrà telefonato.//

5. Chi si è divertito? (Paola e Giovanna)//

   Paola e Giovanna si saranno divertite.//

F. Your parents want to know what you and your friends will do after graduation. Answer their questions using the future and the cues you hear. Follow the model and repeat each answer after the speaker.

> ESEMPIO: Che cosa farai, dopo che ti sarai diplomato? (fare un lungo viaggio)
>
> **Dopo che mi sarò diplomato, farò un lungo viaggio.**

1. Che cosa farà Luigi, dopo che si sarà diplomato? (andare in vacanza)//

   Dopo che si sarà diplomato, Luigi andrà in vacanza.//

2. Giovanna e Maria, che cosa farete dopo che vi sarete diplomate? (iscriversi all'università)//

   Dopo che ci saremo diplomate, ci iscriveremo all'università.//

3. Che cosa faranno Giulia e Rita, dopo che si saranno diplomate? (fare una grande festa)//

   Dopo che si saranno diplomate, Giulia e Rita faranno una grande festa.//

4. Paolo, che cosa farai, dopo che ti sarai diplomato? (dormire per una settimana)//

   Dopo che mi sarò diplomato, dormirò per una settimana.//

Il modo condizionale

A. Listen to each of the following sentences. Then in your lab manual write a new sentence by changing the verb from the future to the conditional. You will hear each sentence twice.

> ESEMPIO: *You hear:* Arriverò a casa presto.
>
> *You write:* Arriverei a casa presto.

1. Entreranno in salotto.//

2. Aprirete la porta.//

3. Ascolteremo la radio.//

4. Prenderò un caffè.//

5. Leggeremo il giornale.//

6. Ci riposeremo.//

7. Mangeranno alle otto.//

8. Vi metterete a studiare.//

9. Ci offrirai un tè.//

10. Giocherò a carte.//

11. Ci divertiremo molto.//

12. Si addormenteranno tardi.//

Now check your answers with the key.

B. Say what the following people would do if they could. Answer each question using the conditional and the cues you hear. Follow the model and repeat each answer after the speaker.

    ESEMPIO: Che cosa faresti? (andare in Europa)

             Andrei in Europa.

1. Che cosa farebbero Giulio e Enzo? (rimanere a casa)//

    Giulio e Enzo rimarebbero a casa.//

2. Che cosa fareste tu e Fabio? (vivere in America)//

    Io e Fabio vivremmo in America.//

3. Che cosa farei? (vedere un film)//

    Vedresti un film.//

4. Che cosa fareste tu e Carla? (comporre una poesia)//

    Io e Carla comporremmo una poesia.//

5. Che cosa farebbero Pietro e Beppe? (potere viaggiare)//

    Pietro e Beppe potrebbero viaggiare.//

6. Che cosa faremmo io e Luisa? (dovere risparmiare)//

    Tu e Luisa dovreste risparmiare.//

7. Che cosa faresti? (volere lavorare)//

    Vorrei lavorare.//

C. Restate the following sentences in a more polite form, using the conditional. Follow the model and repeat each answer after the speaker.

    ESEMPIO: Devono finirlo per domani.

             Dovrebbero finirlo per domani.

1. Voglio due panini.//

    Vorrei due panini.//

2. Devi venire subito.//

   Dovresti venire subito.//

3. Possono farlo domani.//

   Potrebbero farlo domani.//

4. Preferisco sedermi vicino alla porta.//

   Preferirei sedermi vicino alla porta.//

D. Restate the following commands in a more polite form by using the conditional. Follow the model and repeat each answer after the speaker.

> ESEMPIO: Olivia, chiudi la porta!
>
> **Olivia, chiuderesti la porta?**

1. Signora, mi dica il suo nome!//

   Signora, mi direbbe il suo nome?//

2. Giovanni e Paolo, aprite le finestre!//

   Giovanni e Paolo, aprireste le finestre?//

3. Professori, mi diano il loro numero di telefono!//

   Professori, mi darebbero il loro numero di telefono?//

4. Signora, mi offra qualcosa da bere!//

   Signora, mi offrirebbe qualcosa da bere?//

5. Paolo, vieni domani!//

   Paolo, verresti domani?//

E. In your lab manual, write complete sentences stating what the following people would have done. Answer each question, using the past conditional and the cue you hear. Do not repeat the subject pronouns. You will hear each statement twice.

> ESEMPIO: *You hear:* Che cosa avresti fatto? (servire il caffè)
>
> *You write:* Avrei servito il caffè.

1. Che cosa avrebbero fatto Fabio e Carlo? (svegliarsi presto)//

2. Che cosa avreste fatto tu e Renato? (vestirsi meglio)//

3. Che cosa avresti fatto? (dire la verità)//

4. Che cosa avrei fatto? (spendere meno)//

Now check your answers with the key.

F. Your friend just had a job interview and is telling you what she did. You respond by saying that you and your other friends would never have done what she did. Use the subject cue you hear. Follow the model and repeat each answer after the speaker.

ESEMPIO: Mi sono messa il vestito rosso. (Luisa)

Luisa non si sarebbe mai messa il vestito rosso.

1. Sono arrivata in ritardo. (Paolo e Marco)//

   Paolo e Marco non sarebbero mai arrivati in ritardo.//

2. Ho preso l'autobus. (Giulia)//

   Giulia non avrebbe mai preso l'autobus.//

3. Ho dimenticato il curriculum a casa. (Io)//

   Io non avrei mai dimenticato il curriculum a casa.//

4. Mi sono seduta sulla scrivania. (Gianni e Paolo)//

   Gianni e Paolo non si sarebbero mai seduti sulla scrivania.//

5. Ho fatto tante domande. (Io e Mariella)//

   Io e Mariella non avremmo mai fatto tante domande.//

G. Tell your parents what your roommates told you they would do in order to find a job. Follow the model and repeat each answer after the speaker.

ESEMPIO: Preparerò un curriculum.

Ha detto che avrebbe preparato un curriculum.

1. Telefoneremo a molti dirigenti.//

   Hanno detto che avrebbero telefonato a molti dirigenti.//

2. Spediremo il curriculum a molte ditte.//

   Hanno detto che avrebbero spedito il curriculum a molte ditte.//

3. Leggerò le inserzioni sui giornali.//

   Ha detto che avrebbe letto le inserzioni sui giornali.//

4. Scriverò molte lettere.//

   Ha detto che avrebbe scritto molte lettere.//

I pronomi combinati

A. Answer the following questions in the affirmative, using double object pronouns. Follow the model and repeat each answer after the speaker.

ESEMPIO: Mi darai il suo numero di telefono?

Sì, te lo darò.

1. Mi mostrerete la fabbrica?//

   Sì, te la mostreremo.//

2. Ci parlerai del tuo lavoro?//

   Sì, ve ne parlerò.//

3. Ti accompagneranno a casa?//

   Sì, mi ci accompagneranno.//

4. Vi spiegheranno le regole?//

   Sì, ce le spiegheranno.//

B. Answer the following questions in the negative, using double object pronouns. Follow the model and repeat each answer after the speaker.

> ESEMPIO: Hai messo il cappotto nell'armadio?
>
> **No, non ce l'ho messo.**

1. Hai messo la borsa sulla sedia?//

   No, non ce l'ho messa.//

2. Hai messo i documenti sul tavolo?//

   No, non ce li ho messi.//

3. Hai messo delle piante in ufficio?//

   No, non ce ne ho messe.//

4. Hai messo le lettere sulla scrivania?//

   No, non ce le ho messe.//

C. Answer the following questions in the affirmative, using double object pronouns. Follow the model and repeat each answer after the speaker.

> ESEMPIO: Alessandro si è messo le scarpe?
>
> **Sì, se le è messe.**

1. Ci siamo tolto il pigiama?//

   Sì, ve lo siete tolto.//

2. Vi siete lavati la faccia?//

   Sì, ce la siamo lavata.//

3. Silvia si è ricordata dell'appuntamento?//

   Sì, se ne è ricordata.//

4. Si sono messi il cappotto?//

   Sì, se lo sono messo.//

D. Answer the following questions in the affirmative, using double object pronouns. Follow the models and repeat each answer after the speaker.

ESEMPI: Hai parlato a Giovanni delle tue vacanze?

Sì, gliene ho parlato.

Ci hai spedito il telegramma?

Sì, ve l'ho spedito.

1. Avete mandato alcune cartoline a Luisa?//

   Sì, gliene abbiamo mandate alcune.//

2. Ti hanno mostrato la città?//

   Sì, me l'hanno mostrata.//

3. Hai comprato dei regali per tuo fratello?//

   Sì, gliene ho comprati.//

4. Ci avete detto la verità?//

   Sì, ve l'abbiamo detta.//

5. Hai dato dei fiori a Rosalba?//

   Sì, gliene ho dati.//

6. Avete indicato l'ufficio al signore?//

   Sì, glielo abbiamo indicato.//

E. Your new boss expects you to do everything for him and is always asking you if you have done the things he requested. Answer his questions in the affirmative, using double object pronouns. Follow the model and repeat each answer after the speaker.

ESEMPIO: Mi ha portato la posta?

Sì, gliel'ho portata.

1. Ha spedito il curriculum al caporeparto?//

   Sì, gliel'ho spedito.//

2. Ha ordinato delle rose per la signora Rossi?//

   Sì, gliene ho ordinate.//

3. Mi ha prenotato la sala per domani?//

   Sì, gliel'ho prenotata.//

4. Mi ha scritto quelle lettere?//

   Sì, gliele ho scritte.//

5. Ha dato il mio indirizzo all'ingegnere?//

   Sì, gliel'ho dato.//

Comprensione auditiva

Now stop the tape. In your lab manual, complete the prelistening activities (**Prepariamoci ad ascoltare**) and study the listening strategy section (**Strategie**).

Ascoltiamo

Nelle tre registrazioni che seguono sentirai alcune persone discutere delle loro condizioni di lavoro. Ascolta (più volte) le registrazioni e poi fa' gli esercizi nel tuo manuale d'ascolto.

Registrazione 1

Parla Tina Pelosi.

Qualche volta, dopo una lunga e complicata spiegazione su un argomento che dovrebbe essere coinvolgente, mi capita che mi rivolgo agli studenti piena di entusiasmo, e chiedo:—Ci sono domande da fare? Avete bisogno di chiarimenti?—Dalla loro espressione, capisco perfettamente che non mi hanno seguito per niente. E se uno, qualche volta, alza la mano, è solo per farmi qualche domanda sciocca.

Oddio,... veramente poi c'è sempre anche il ragazzo che dopo tanti anni si ricorda ancora di te e se lo incontri ti saluta e ti racconta di sé, e ti fa sentire che hai contato qualcosa nella sua vita e che non è stato tutto inutile.

Registrazione 2

Parla Armando Testa.

Quando entro la mattina sono già arrabbiato e comincio subito a dire cattive parole. Il problema principale sorge quando si affida la preposizione di un ambiente di lavoro ad un incompetente.

Da questo nascono vari altri problemi a livello organizzativo e a livello pratico di operatività. Forse in fondo sono gli stessi problemi che esistono in tutti i luoghi di lavoro. Anche fra il pubblico c'è sempre qualcuno ignorante e maleducato. Tra i colleghi poi ci vorrebbe una certa cultura, sarebbe indispensabile per una buona procedura di lavoro. Il costante contatto con il pubblico crea continui problemi. Qui poi recentemente hanno assunto tanti giovani che hanno grossi limiti per quanto riguarda la pratica operativa, anche se arrivano pieni di buona volontà. Ci sono rimasto solo io con un po' d'esperienza. Tutti questi ragazzi non sanno neanche come fare un deposito. Se arriva uno straniero con dei traveller-checks da cambiare in lire, si perdono. Non sanno come fare un cambio. Magari si dimenticano di richiedere il passaporto. E alla fine finisco col fare tutto io, anche quello che non mi compete. E poi gli altri mi passano sempre avanti e solo io non faccio mai carriera e rimango sempre allo stesso posto.

Registrazione 3

Parla Daniela Falchi.

Di questi tempi ci sono tanti turisti, tanta gente entra, ma nessuno compra. Toccano tutto. Si misurano mille cose. Mi fanno tirar giù magliette, pantaloni, camicette di tutte le misure e di tutti i colori e in realtà non hanno voglia di comprare un bel niente, non fanno altro che creare una gran confusione... E io che vivo delle commissioni di quello che riesco a vendere... in questo periodo ce la faccio appena a tirar avanti. Alla fine della giornata mi ritrovo una pila di roba sui banconi, che devo mettere a posto e non ci capisco più niente. Trovo anche roba sporca di trucco; quando si misurano qualcosa non stanno mai attenti e sporcano tutto. La sera torno a casa a pezzi, stanca morta con le gambe che non ce la faccio più, per essere stata in piedi tutto il giorno, e con in tasca pochi soldi.

Fine del capitolo 5.

6 Tradizioni e feste

Strutture

Il passato remoto

A. Answer the following questions using the cues you hear. Do not use subject pronouns in your response. Follow the model and repeat each answer after the speaker.

> ESEMPIO: Dove mangiasti a Natale? (dalla zia)
>
> **Mangiai dalla zia.**

1. Che cosa spedisti? (i biglietti d'auguri)//
   Spedii i biglietti d'auguri.//

2. Che cosa compraste tu e Alberto? (i regali)//
   Comprammo i regali.//

3. Che cosa preparai? (una bella tavolata)//
   Preparasti una bella tavolata.//

4. Che cosa cucinarono la nonna e la zia? (molti piatti tradizionali)//
   Cucinarono molti piatti tradizionali.//

5. A che ora finiste di cenare? (a mezzanotte)//
   Finimmo di cenare a mezzanotte.//

6. Che cosa servirono Alberto e Susanna? (il panettone)//
   Servirono il panettone.//

B. Listen to each of the following sentences. Then in your lab manual write the corresponding subject and infinitive of the verbs you hear. You will hear each sentence twice.

> ESEMPIO: *You hear:* Espressi un desiderio.
>
> *You write:* io / esprimere

1. Decidemmo cosa comprare per Natale.//

2. Conobbero molta gente.//

3. Leggeste un annuncio.//

4. Scelsi un abito.//

5. Rispondesti subito.//

6. Visse in Italia.//

7. Vidi un bell'albero di Natale.//

8. Volle passare le feste con la famiglia.//

9. Nacquero a Roma.//

10. Rimasi a casa.//

11. Bevve troppo.//

12. Venni in macchina.//

Now check your answers with the key.

C. Listen to each of the following sentences. Then form a new sentence using the cue you hear. Follow the model and repeat each answer after the speaker.

> ESEMPIO: Perdesti i soldi. (Giorgio)
>
> **Giorgio perse i soldi.**

1. Nacqui in Sicilia. (i nonni)//

   I nonni nacquero in Sicilia.//

2. Chiudesti il negozio. (il proprietario)//

   Il proprietario chiuse il negozio.//

3. Fu un bel Natale. (belle feste)//

   Furono belle feste.//

4. Non sapemmo cosa fare. (io)//

   Io non seppi cosa fare.//

5. Vennero a casa mia. (tu)//

   Venisti a casa mia.//

6. Vinceste a poker. (Carlo e Luisa)//

   Carlo e Luisa vinsero a poker.//

7. Scrivesti molte lettere. (Luca)//

   Luca scrisse molte lettere.//

8. Voleste molti regali. (i bambini)//

   I bambini vollero molti regali.//

D. A few years ago you and your friends went to Venice for Carnevale. Listen to each of the following sentences. Then form a new sentence by changing the subject according to the cue you hear. Follow the model and repeat each answer after the speaker.

> ESEMPIO: Giuliana comprò una maschera. (Noi)
>
> **Noi comprammo una maschera.**

1. Ti mettesti un costume. (Io)//

   Io mi misi un costume.//

2. Giulio uscì in maschera. (Lorenzo e Mario)//

   Lorenzo e Mario uscirono in maschera.//

3. Tu e Carlo ballaste in piazza. (Noi)//

   Noi ballammo in piazza.//

4. Parlai con sconosciuti. (Tu e Cesare)//

   Tu e Cesare parlaste con sconosciuti.//

5. Feci scherzi a tutti. (Andrea)//

   Andrea fece scherzi a tutti.//

6. Rimanemmo fuori tutta la notte. (Tu)//

   Tu rimanesti fuori tutta la notte.//

E. Listen to each of the following sentences. Then decide if the verb is in the **presente** or the **passato remoto** and in your lab manual put an X in the appropriate column. You will hear each sentence twice.

1. Parlo a lungo al telefono.//

2. Giocammo a carte.//

3. Veniste alla mia festa.//

4. Partii per la campagna.//

5. Ridi senza motivo.//

6. Comprò un abito lungo.//

Now check your answers with the key.

F. Listen to the following story. You will hear a beep in place of the verbs. In your lab manual circle the form of the verb needed to complete each sentence. You will hear each sentence in the the story twice.

1. La festa del santo patrono (*beep*) ogni anno al paese di mia madre.// 2. Due anni fa anche noi ci (*beep*).// 3. In piazza (*beep*) la banda.// 4. Per le strade molta gente (*beep*).// 5. Sulle bancarelle i venditori (*beep*) tutti i prodotti locali.// 6. Quel giorno noi (*beep*) del torrone e dello zucchero filato.// 7. Mio padre e mia madre (*beep*) tutte le specialità del posto.// 8. Mio fratello (*beep*) anche su una giostra del Luna Park.// 9. Tutti noi (*beep*) molto.//

Now check your answers with the key.

I numeri

A. Listen to each of the following sentences. Then in your lab manual write the price you hear in Arabic numerals. You will hear each sentence twice.

ESEMPIO: *You hear:* Le scarpe costano ottantanovemila lire.

You write: 89.000

1. La camicetta di seta costa centottantasettemila lire.//

2. Il cappotto costa unmilioneduecentomila lire.//

3. La sciarpa costa settantatremila lire.//

4. La cravatta costa ventiquattromila lire.//

5. I guanti costano quindicimila lire.//

6. Le calze costano ottomilacinquecento lire.//

Now check your answers with the key.

B. Listen to the following cardinal numbers. Then say the masculine form of the corresponding ordinal number. Follow the model and repeat each answer after the speaker.

ESEMPIO: due

secondo

1. uno//

   primo//

2. tre//

   terzo//

3. dieci//

   decimo//

4. sette//

   settimo//

5. venticinque//

   venticinquesimo//

6. diciotto//

   diciottesimo//

C. Say the name of each of the historical figures in your lab manual during the pause provided after each number. Follow the model and repeat each answer after the speaker.

> ESEMPIO: *You hear:* uno
>
> *You see:* Luigi VI
>
> *You say:* Luigi sesto
>
> *You hear:* Luigi sesto
>
> *You repeat:* Luigi sesto

1. //Giovanni ventitreesimo//

2. //Enrico ottavo//

3. //Elisabetta seconda//

4. //Luigi quattordicesimo//

5. //Vittorio Emanuele terzo//

6. //Federico primo//

7. //Enrico quarto//

I giorni, i mesi, le stagioni, l'anno, le date

A. Listen to the following statements about historical events. Then in your lab manual, write the letter of each statement you hear next to the corresponding date. You will hear each statement twice.

   a. La Seconda Guerra Mondiale finì nel 1945.//

   b. Colombo arrivò in America nel 1492.//

   c. Dante nacque nel 1265.//

   d. La Prima Guerra Mondiale finì nel 1918.//

   e. L'unità d'Italia fu completata nel 1871.//

   f. L'Italia divenne una repubblica nel 1946.//

Now check your answers with the key.

B. Say the dates in your lab manual during the pause provided after each number. Follow the model and repeat each answer after the speaker.

> ESEMPIO: *You hear:* uno
>
> *You see:* 02/10
>
> *You say:* il due ottobre
>
> *You hear:* il due ottobre
>
> *You repeat:* il due ottobre

1. //il primo giugno//

2. //il trenta luglio//

3. //il ventuno gennaio//

4. //il ventitrè maggio//

Il trapassato prossimo e il trapassato remoto

A. Change the following sentences from the **imperfetto** to the **trapassato prossimo.** Follow the model and repeat each answer after the speaker.

> ESEMPIO: Compravo un abito da sera.
>
> **Avevo comprato un abito da sera.**

1. Tu e Giancarlo invitavate i vostri amici.//

   Tu e Giancarlo avevate invitato i vostri amici.//

2. Ci addormentavamo presto.//

   Ci eravamo addormentati presto.//

3. Andavamo ad un altro veglione.//

   Eravamo andati ad un altro veglione.//

4. Facevi gli auguri alla tua famiglia.//

   Avevi fatto gli auguri alla tua famiglia.//

5. Aprivano una bottiglia di spumante.//

   Avevano aperto una bottiglia di spumante.//

6. Paolo usciva a mezzanotte.//

   Paolo era uscito a mezzanotte.//

7. Ti svegliavi alle otto.//

   Ti eri svegliato alle otto.//

B. Tell your mother that you and your brothers did not do the following things this morning because you had already done them before. Use the **trapassato prossimo** and the appropriate direct or indirect object pronoun in each response. Follow the model and repeat each answer after the speaker.

ESEMPIO: Perché non avete scritto i biglietti questa mattina?

Perché li avevamo già scritti.

1. Perché Michele non ha comprato le decorazioni?//

   Perché le aveva già comprate.//

2. Perché non hai addobbato l'albero di Natale?//

   Perché lo avevo già addobbato.//

3. Perché non hai risposto allo zio?//

   Perché gli avevo già risposto.//

4. Perché Michele e Carlo non hanno decorato la casa?//

   Perché l'avevano già decorata.//

5. Perché non hai telefonato alla nonna?//

   Perché le avevo già telefonato.//

6. Perché non avete preparato i dolci?//

   Perché li avevamo già preparati.//

7. Perché non ti sei lavata i capelli?//

   Perché me li ero già lavati.//

C. Restate each of the following sentences using **dopo che**, the **passato remoto**, and the **trapassato remoto.** Follow the model and repeat each answer after the speaker.

ESEMPIO: Prima telefonai a Mario e poi lui venne a casa mia.

Dopo che ebbi telefonato a Mario, lui venne a casa mia.

1. Prima Luigi mi scrisse e poi io gli risposi.//

   Dopo che Luigi mi ebbe scritto, io gli risposi.//

2. Prima Michele e Loredana ci chiamarono e poi noi uscimmo.//

   Dopo che Michele e Loredana ci ebbero chiamato, noi uscimmo.//

3. Prima i bambini si vestirono e poi voi apriste i regali.//

   Dopo che i bambini si furono vestiti, voi apriste i regali.//

4. Prima Giuseppe ci salutò e poi partì.//

   Dopo che Giuseppe ci ebbe salutato, partì.//

Now stop the tape. In your lab manual, complete the prelistening activities (**Prepariamoci ad ascoltare**) and study the listening strategy section (**Strategie**).

Ascoltiamo

Nelle seguenti registrazioni sentirai Lucia e Paolo parlare al telefono con dei loro amici. Sentirai una sola parte delle due conversazioni telefoniche. Ascolta (più volte) le registrazioni e poi fa' gli esercizi nel tuo manuale d'ascolto.

Registrazione 1

LUCIA: Pronto! Giovanna, sei tu?

Pausa 1//

LUCIA: Sapessi cosa ho fatto. Indovina dove sono stata?

Pausa 2//

LUCIA: Al Carnevale di Venezia.

Pausa 3//

LUCIA: Ma così, sai ho deciso all'ultimo momento.

Pausa 4//

LUCIA: No, figurati, se andavo sola! Sono andata con Susanna.

Pausa 5//

LUCIA: Sì, ci siamo divertite da pazze!

Pausa 6//

LUCIA: Se vedessi Susanna come si era vestita!!

Pausa 7//

LUCIA: Da vampiro.

Pausa 8//

Registrazione 2

PAOLO: Pronto! Chi è?

Pausa 1//

PAOLO: Ah, Mario, sei tu.

Pausa 2//

PAOLO: Sapessi cosa mi è successo! Sono proprio preoccupato.

Pausa 3//

PAOLO: Sono appena tornato dalla chiromante.

Pausa 4//

PAOLO: Ha detto che mi succederanno cose proprio brutte!!

Pausa 5//

PAOLO: E non ci dovrei credere? Vengono da tutto il mondo per consultarla. È famosissima!

Pausa 6//

Fine del capitolo 6.

Gli italiani e le vacanze

Strutture

Il modo congiuntivo

A. Listen to each of the following sentences. Then form a new sentence, using the cue you hear and the correct form of the subjunctive. Follow the model and repeat each answer after the speaker.

ESEMPIO: Lei decide di partire. (Penso)

Penso che lei decida di partire.

1. Io parlo troppo. (Credono)//

   Credono che io parli troppo.//

2. Loro finiscono le ferie. (Ho paura)//

   Ho paura che loro finiscano le ferie.

3. Voi partite per le vacanze. (Speriamo)//

   Speriamo che voi partiate per le vacanze.//

4. Noi dormiamo tanto. (Pensano)//

   Pensano che noi dormiamo tanto.//

5. Loro prenotano un albergo. (Suppongo)//

   Suppongo che loro prenotino un albergo.//

6. Lui scrive cartoline dalle vacanze. (Dubiti)//

   Dubiti che lui scriva cartoline dalle vacanze.//

7. Io ritorno oggi. (Si augura)//

   Si augura che io ritorni oggi.//

8. Voi restituite la macchina fotografica. (Vogliono)//

   Vogliono che voi restituiate la macchina fotografica.//

9. Io mi addormento tardi ogni sera. (Non vogliono)//

   Non vogliono che io mi addormenti tardi ogni sera.//

B. Answer the following questions using the cues you hear. Follow the model and repeat each answer after the speaker.

       ESEMPIO: Che cosa credi che faccia Arianna? (volere partire)

             Credo che Arianna voglia partire.

1. Che cosa pensi che faccia Giovanni? (uscire con loro)//

   Penso che Giovanni esca con loro.//

2. Che cosa è difficile che tu faccia? (rimanere in città)//

   È difficile che io rimanga in città.//

3. Che cosa sperano che voi facciate? (scegliere un bel posto)//

   Sperano che noi scegliamo un bel posto.//

4. Che cosa credi che io faccia? (venire al mare)//

   Credo che tu venga al mare.//

5. Che cosa è probabile che tu faccia? (dire la verità)//

   È probabile che io dica la verità.//

6. Che cosa è meglio che io e Gianni facciamo? (non bere troppo)//

   È meglio che tu e Gianni non beviate troppo.//

7. Che cosa vuoi che loro facciano? (essere pronti)//

   Voglio che loro siano pronti.//

8. Che cosa dubiti che facciano i tuoi amici? (andare in vacanza)//

   Dubito che i miei amici vadano in vacanza.//

C. Imagine what the following people did last summer. Answer each question using the cues you hear. Follow the model and repeat each answer after the speaker.

       ESEMPIO: Cosa pensi che loro abbiano fatto? (tornare a casa)

             Penso che loro siano tornati a casa.

1. Cosa supponi che abbiamo fatto noi? (spendere molto)//

   Suppongo che voi abbiate speso molto.//

2. Che cosa speri che abbiano fatto loro? (risparmiare molto)//

   Spero che loro abbiano risparmiato molto.//

3. Cosa dubiti che abbia fatto Maria? (arrivare in tempo)//

   Dubito che Maria sia arrivata in tempo.//

4. Che cosa è possibile che Giuliana abbia fatto? (riposarsi)//

   È possibile che Giuliana si sia riposata.//

5. Cosa è probabile che abbia fatto Carlo? (andare in crociera)//

   È probabile che Carlo sia andato in crociera.//

6. Che cosa dubiti che noi abbiamo fatto? (divertirsi)//

   Dubito che voi vi siate divertiti.//

7. Che cosa spero che tu abbia fatto? (proporre una bella gita)//

   Speri che io abbia proposto una bella gita.//

8. Che cosa ti auguri che io abbia fatto? (vedere bei posti)//

   Mi auguro che tu abbia visto bei posti.//

D. Listen to the following story. You will hear a beep in place of the verbs. In your lab manual, circle the form of the verb needed to complete each sentence. You will hear each sentence in the story twice.

1. Penso che oggi (*beep*) la giornata adatta per andare al mare.// 2. Spero che anche Laura (*beep*) con me.// 3. È probabile che noi (*beep*) dove stanno i suoi genitori.// 4. Credo che i suoi genitori (*beep*) un appartamento in affitto due settimane fa.// 5. Spero che oggi (*beep*) bel tempo.// 6. Credo che Laura (*beep*) già la borsa per il mare.// 7. Aspetto che lei (*beep*).// 8. Mi auguro che noi (*beep*) partire subito.//

Now check your answers with the key.

L'uso del modo congiuntivo in proposizioni dipendenti

A. Restate each of the following sentences, using the cue you hear and the present subjunctive or present indicative. Follow the models and repeat each answer after the speaker.

ESEMPI: Tu e Stefano partite stasera. (Pensiamo)

   Pensiamo che tu e Stefano partiate stasera.

   Alberto e Susanna si divertono. (È chiaro)

   È chiaro che Alberto e Susanna si divertono.

1. Carla va in vacanza in Sicilia. (Credo)//

   Credo che Carla vada in vacanza in Sicilia.//

2. Noi facciamo una crociera. (È probabile)//

   È probabile che noi facciamo una crociera.//

3. Tu non hai ferie. (Sappiamo)//

   Sappiamo che tu non hai ferie.//

4. Gianni e Martina prenotano in un villaggio turistico. (Dubito)//

   Dubito che Gianni e Martina prenotino in un villaggio turistico.//

5. Tu e Lisa andate a cavallo. (È vero)//

   È vero che tu e Lisa andate a cavallo.//

6. Io gioco a golf. (Non credi)//

   Non credi che io giochi a golf.//

B. You and your friends are going on vacation. Respond to your father's comments about the trip and reassure him that you plan to do what he suggests. Follow the model using the cues you hear. Then repeat each answer after the speaker.

> ESEMPIO: Spero che voi andiate al museo nazionale. (Desideriamo)
>
> **Desideriamo andare al museo nazionale.**

1. È bene che arriviate presto. (Pensiamo)//

   Pensiamo di arrivare presto.//

2. Credo che dobbiate prenotare un albergo. (Vogliamo)//

   Vogliamo prenotare un albergo.//

3. Spero che teniate un diario. (Siamo contenti)//

   Siamo contenti di tenere un diario.//

4. Speriamo che scriviate. (Saremo felici)//

   Saremo felici di scrivere.//

5. È probabile che torniate stanchi. (Abbiamo paura)//

   Abbiamo paura di tornare stanchi.//

6. È importante che visitiate le chiese più belle. (Ci auguriamo)//

   Ci auguriamo di visitare le chiese più belle.//

Il congiuntivo dopo le congiunzioni

Answer each question in the affirmative using the cues in your lab manual. Follow the model and repeat each answer after the speaker.

> ESEMPIO: *You hear:* Vanno al mare?
>
> *You see:*   benché / piovere
>
> *You say:*   Sì, vanno al mare benché piova.

1. Vanno a cavallo?//

   Sì, vanno a cavallo nonostante abbiano paura.//

2. Fanno il trekking?//

   Sì, fanno il trekking malgrado non sappiano dove andare.//

3. Possono prenotare l'albergo?//

   Sì, possono prenotare l'albergo purché paghino in anticipo.//

4. Troveranno da dormire?//

   Sì, troveranno da dormire sebbene non abbiano telefonato.//

5. Porteranno la nonna?//

   Sì, porteranno la nonna affinché non rimanga sola.//

I pronomi tonici

Answer the following questions, using a disjunctive pronoun and the cue you hear. Follow the model and repeat each answer after the speaker.

> ESEMPIO: Vuoi andare in campeggio con Gabriella? (Sì)
>
> **Sì, voglio andare con lei.**

1. Giocano a golf con te? (No)//

   No, non giocano a golf con me.//

2. Fate la vela insieme a Romano? (Sì)//

   Sì, facciamo la vela insieme a lui.//

3. Vai da Carlo e Gianni stasera? (No)//

   No, non vado da loro stasera.//

4. Abiti vicino a me? (Sì)//

   Sì, abito vicino a te.//

5. Telefoni a Lucia? (Sì)//

   Sì, telefono a lei.//

6. Venite da noi stasera? (Sì)//

   Sì, veniamo da voi stasera.//

Comprensione auditiva

Now stop the tape. In your lab manual, complete the prelistening activities (**Prepariamoci ad ascoltare**) and study the listening strategy section (**Strategie**).

Ascoltiamo

Sentirai otto annunci. Ascolta (più volte) le registrazioni e poi fa' gli esercizi nel tuo manuale d'ascolto.

Registrazione 1

Attenzione, prego. L'espresso delle 18,47 per Reggio Calabria viaggia con circa 45 minuti di ritardo.

Registrazione 2

Signore e signori, qui è il commandante che vi parla. Benvenuti a bordo del MD11 Alitalia per Los Angeles. Stiamo volando a circa 900 chilometri all'ora e ad un'altezza di 8.000 metri.

Registrazione 3

Si segnala un banco di nebbia fitta sull'Autostrada del Sole fra Bologna e Modena. In certi luoghi la visibilità è ridotta quasi a zero.

Registrazione 4

Ci dispiace informare i signori passeggeri che a causa di raffiche di vento, ci sarà impossibile atterrare all'aeroporto di Lamezia Terme. L'aereo sarà dirottato a Napoli. Un pullman vi trasporterà a destinazione. Ci scusiamo per il disturbo.

Registrazione 5

L'intercity delle 14,23 con destinazione Roma, è in partenza dal binario numero 18. Un vagone ristorante è a disposizione dei signori passeggeri.

Registrazione 6

Attenzione, prego. Il bollettino meteorologico, trasmesso pochi minuti fa, annuncia che il temporale che attualmente colpisce il nord dell'isola d'Elba si sposta a grande velocità. Il mare resterà molto mosso per le prossime ore.

Registrazione 7

Signori e signore. Si avverte la gentile clientela che il negozio chiuderà fra cinque minuti. Tutti i clienti sono pregati di recarsi immediatamente alla cassa.

Registrazione 8

I passeggeri sono pregati di allacciare le cinture di sicurezza e di non fumare. Il decollo è previsto fra 15 minuti.

Fine del capitolo 7.

Capitolo 8

La città italiana e la provincia

Strutture

I comparativi e superlativi

A. Restate the following sentences using the cues you hear and the appropriate form of **tanto... quanto.** Follow the model and repeat each answer after the speaker.

> ESEMPIO: La mia città è grande. Anche la tua è grande.
>
> **La mia città è tanto grande quanto la tua.**

1. Ci sono molti musei. Ci sono anche molti monumenti.//

   Ci sono tanti musei quanti monumenti.//

2. Siena è antica. Anche Pisa è antica.//

   Siena è tanto antica quanto Pisa.//

3. I tram sono veloci. Anche gli autobus sono veloci.//

   I tram sono tanto veloci quanto gli autobus.//

4. Mi piace la campagna. Mi piace anche la provincia.//

   Mi piace tanto la campagna quanto la provincia.//

5. A Roma ci sono molte piazze. Ci sono anche molte chiese.//

   A Roma ci sono tante piazze quante chiese.//

B. Listen to the following statements. Then combine the two sentences into one, using **più... di** or **mono... di.** Follow the models and repeat each answer after the speaker.

> ESEMPI: La piazza è rumorosa. La strada non è rumorosa.
>
> **La piazza è più rumorosa della strada.**
>
> La città non è vivibile. Il paese è vivibile.
>
> **La città è meno vivibile del paese.**

1. Il marciapiede non è largo. La via è larga.//

   Il marciapiede è meno largo della via.//

2. La chiesa è antica. La fontana non è antica.//

   La chiesa è più antica della fontana.//

3. La periferia è squallida. Il quartiere non è squallido.//

   La periferia è più squallida del quartiere.//

4. Il centro non è intasato. Le autostrade sono intasate.//

   Il centro è meno intasato delle autostrade.//

C. Form complete sentences using **più... che** and the cues you hear. Follow the model and repeat each answer after the speaker.

   ESEMPIO: Antonio (intelligente / furbo)

   Antonio è più intelligente che furbo.

1. Il traffico (indisciplinato / caotico)//

   Il traffico è più indisciplinato che caotico.//

2. Questi negozi (costosi / eleganti)//

   Questi negozi sono più costosi che eleganti.//

3. In questa città (cartelli / semafori)//

   In questa città ci sono più cartelli che semafori.//

4. Gli automobilisti (impazienti / irrispettosi)//

   Gli automobilisti sono più impazienti che irrispettosi.//

5. Gli piace (camminare a piedi / prendere l'autobus)//

   Gli piace più camminare a piedi che prendere l'autobus.//

6. C'è traffico (qui / lì)//

   C'è più traffico qui che lì.//

D. Answer the following questions in the affirmative, using the **superlativo relativo** and the cue you hear. Follow the model and repeat each answer after the speaker.

   ESEMPIO: È una città molto grande? (regione)

   Sì, è la città più grande della regione.

1. È un quartiere molto tranquillo? (città)//

   Sì, è il quartiere più tranquillo della città.//

2. Questa chiesa è molto antica? (centro storico)//

   Sì, è la chiesa più antica del centro storico.//

3. La piazza è molto rumorosa? (quartiere)//

   Sì, è la piazza più rumorosa del quartiere.//

4. Questi giardini sono molto belli? (zona)//

   Sì, sono i giardini più belli della zona.//

E. Answer the following question in the affirmative using the **superlativo assoluto.** Follow the model and repeat each answer after the speaker.

   ESEMPIO: Sono persone gentili, vero?

   Sì, sono persone gentilissime!

1. È un sistema efficiente, vero?//

   Sì, è efficientissimo!//

2. È una situazione difficile, vero?//

   Sì, è difficilissima!//

3. Sono spettacoli interessanti, vero?//

   Sì, sono interessantissimi!//

4. È un treno rapido, vero?//

   Sì, è rapidissimo!//

5. È una provincia sviluppata, vero?//

   Sì, è sviluppatissima!//

6. Sono idee chiare, vero?//

   Sì, sono chiarissime!//

F. You are convinced that everything you have is either better or worse than everyone else's. Respond to each comment you hear. Follow the model and repeat each answer after the speaker.

   ESEMPIO: Il mio professore di storia è cattivo.

   Il mio è peggiore.

1. I miei amici sono cattivi.//

   I miei sono peggiori.//

2. La mia macchina è buona.//

   La mia è migliore.//

3. Le mie idee sono buone.//

   Le mie sono migliori.//

4. Il mio problema è grande.//

   Il mio è maggiore.//

G. You have a new neighbor who asks you about the quality of certain items in the local supermarket. Answer your neighbor's questions, using the **superlativo assoluto** of the adjective. Follow the model and repeat each answer after the speaker.

ESEMPIO: È buono questo pane?

   Sì, è ottimo!

1. È buona questa pasta?//

   Sì, è ottima!//

2. È cattiva questa frutta?//

   Sì, è pessima!//

3. Sono buoni questi vini?//

   Sì, sono ottimi!//

4. Sono cattive queste verdure?//

   Sì, sono pessime!//

5. È cattivo questo formaggio?//

   Sì, è pessimo!//

Gli avverbi

A. In your lab manual, write the adverbial form of the following adjectives. You will hear each adjective twice.

ESEMPIO: *You hear:* lento

   You write: lentamente

1. difficile//

2. veloce//

3. probabile//

4. irregolare//

5. rapido//

6. perfetto//

Now check your answers with the key.

B. You and your friends are comparing who does what better. Listen to each of the following sentences. Then form a new sentence, using the cue you hear and the comparative form of each adverb. Follow the model and repeat each answer after the speaker.

     ESEMPIO: Carlo canta bene. (Mario)

                  Mario canta meglio.

1. Paolo e Mario giocano male. (Io)//

   Io gioco peggio.//

2. Roberto scrive bene. (Paola)//

   Paola scrive meglio.//

3. Noi viviamo male. (Tu)//

   Tu vivi peggio.//

4. Io lavoro molto. (Voi)//

   Voi lavorate di più.//

5. Carlo mangia poco. (Roberta)//

   Roberta mangia di meno.//

Il congiuntivo imperfetto e trapassato

A. Restate the following sentences, using the cue you hear and changing the verb of the dependent clause to the **congiuntivo imperfetto**. Follow the model and repeat each answer after the speaker.

     ESEMPIO: Non vengono oggi. (Temevo)

                  Temevo che non venissero oggi.

1. Giulio viaggia molto. (Credevo)//

   Credevo che Giulio viaggiasse molto.//

2. Loro si trasferiscono in provincia. (Non sapevo)//

   Non sapevo che loro si trasferissero in provincia.//

3. Tu esci tutte le sere. (Ho pensato)//

   Ho pensato che tu uscissi tutte le sere.//

4. Carlo non sopporta il traffico. (Mi dispiaceva)//

   Mi dispiaceva che Carlo non sopportasse il traffico.//

5. Voi lavorate troppo. (Ho temuto)//

   Ho temuto che voi lavoraste troppo.//

6. Gli automobilisti parcheggiano dovunque. (Dubitavo)//

   Dubitavo che gli automobilisti parcheggiassero dovunque.//

B. Answer the following questions, using the cues you hear. Follow the model and repeat each answer after the speaker.

      ESEMPIO: Cosa pensavi che facessero i tuoi cugini? (partire per la campagna)

               Pensavo che i miei cugini partissero per la campagna.

1. Cosa dubitavi che facesse tuo fratello? (vivere in periferia)//

   Dubitavo che mio fratello vivesse in periferia.//

2. Cosa speravi che facessero i treni? (non fare sciopero)//

   Speravo che i treni non facessero sciopero.//

3. Cosa pensavi che facessero gli autobus? (fermarsi davanti a casa mia)//

   Pensavo che gli autobus si fermassero davanti a casa mia.//

4. Cosa vorresti che facessimo noi? (dire la verità)//

   Vorrei che voi diceste la verità.//

5. Che cosa preferivi che facessero i tuoi amici? (stare a casa)//

   Preferivo che i miei amici stessero a casa.//

6. Che cosa ti piacerebbe che non facesse tuo cugino? (bere troppo)//

   Mi piacerebbe che mio cugino non bevesse troppo.//

7. Che cosa ti aspettavi che Carlo facesse? (dare la macchina a Paolo)//

   Mi aspettavo che Carlo desse la macchina a Paolo.//

8. Che cosa volevi che Luigi facesse? (tradurre quell'articolo)//

   Volevo che Luigi traducesse quell'articolo.//

9. Che cosa speravi che loro facessero? (proporre una buona soluzione)//

   Speravo che loro proponessero una buona soluzione.//

10. Che cosa era possibile che noi facessimo? (divertirsi)//

   Era possibile che voi vi divertiste.//

11. Che cosa sarebbe meglio che voi faceste? (dire tutto al vigile)//

   Sarebbe meglio che noi dicessimo tutto al vigile.//

C. Restate the following sentences, using the cue you hear and the **congiuntivo trapassato.** Follow the model and repeat each answer after the speaker.

      ESEMPIO: Ha detto che Paolo e Mario erano andati al cinema. (Non sapevo)

               Non sapevo che Paolo e Mario fossero andati al cinema.

1. Sapevo che voi eravate rimasti nella vecchia casa. (Mi dispiaceva)//

   Mi dispiaceva che voi foste rimasti nella vecchia casa.//

2. Era vero che Luigi aveva cambiato casa. (Ho creduto)//

   Ho creduto che Luigi avesse cambiato casa.//

3. Era chiaro che tu eri già tornato dalle ferie. (Era impossibile)//

   Era impossibile che tu fossi già tornato dalle ferie.//

4. Ho visto che c'era stato un incidente. (Avevo paura)//

   Avevo paura che ci fosse stato un incidente.//

5. Sapevo che loro avevano preso la metropolitana. (Ho pensato)//

   Ho pensato che loro avessero preso la metropolitana.//

6. Ha detto che voi vi eravate fermati in paese. (Dubitavo)//

   Dubitavo che voi vi foste fermati in paese.//

D. You are disappointed by your friends' behavior. Restate the following sentences, saying what you would have preferred them to have done differently. Follow the model and repeat each answer after the speaker.

ESEMPIO: Sono usciti senza di me.

Avrei preferito che non fossero usciti senza di me.

1. Tu non mi hai invitato.//

   Avrei preferito che tu mi avessi invitato.//

2. Voi non mi avete aspettato.//

   Avrei preferito che voi mi aveste aspettato.//

3. Non mi hanno detto i loro programmi.//

   Avrei preferito che mi avessero detto i loro programmi.//

4. Voi avete parlato male di me.//

   Avrei preferito che voi non aveste parlato male di me.//

La concordanza dei tempi del congiuntivo

Your friends have just moved and you inquire about their new acquaintances. You will hear the first part of a series of statements. In your lab manual, circle the most appropriate conclusion. You will hear the first part of each statement twice.

1. Spero proprio che voi//

2. Vi aspettavate di//

3. Non credevo che//

4. Non sono sicuro che Alfonso//

5. Non sapevo che//

6. Credo che tu//

7. Come mi piacerebbe che tutti noi//

Now check your answers with the key.

Comprensione auditiva

Now stop the tape. In your lab manual, complete the prelistening activities (**Prepariamoci ad ascoltare**) and study the listening strategy section (**Strategie**).

Ascoltiamo

Sentirai cinque registrazioni in cui alcune persone esprimono dei giudizi su due grandi città italiane: Roma e Milano. Ascolta (più volte) le registrazioni e poi fa' gli esercizi nel tuo manuale d'ascolto.

Registrazione 1

Roma è una delle città più belle del mondo. Non vivrei in nessun altro posto. Mi piace tutto!!! Mi sono trasferita qui tre anni fa, e devo dire che in tre anni non mi sono mai annoiata. Le piazze, i bar, i cinema, e soprattutto quel modo caotico e disordinato di fare dei romani, mi affascina.

Registrazione 2

Milano è una città dove si vive per lavorare. Non c'è mai tempo né per se stessi né per gli altri. Alla fine può restare la soddisfazione di aver lavorato, ma certo non di aver vissuto.

Registrazione 3

Roma è una città caotica e convulsa. Sembra avere una naturale inclinazione per il disordine e l'inefficenza. Ma non bisogna essere troppo severi. I difetti di Roma sono quelli di tutte le grandi capitali del mondo.

Registrazione 4

Certo io non sono un esperto di urbanistica né di zone residenziali, e non voglio certamente mettermi a fare discorsi tecnici di urbanistica. Ma devo dire che quei quartieri dormitorio in periferia sono proprio squallidi.

Registrazione 5

Come mai Madrid ha una metropolitana con dodici linee, Barcellona con sei, mentre Torino, Napoli e Genova non ne hanno l'ombra? E Milano — città europea, città sfolgorante che si sta rinnovando con una vitalità addirittura violenta — ha impiegato trent'anni per costruire poche linee?

Fine del capitolo 8.

Capitolo 9

La dieta mediterranea e la salute

Strutture

Il partitivo

A. Answer the following questions in the affirmative, using the correct form of the partitive, **di** + *definite article*. Follow the model and repeat each answer after the speaker.

> ESEMPIO: Mangi il pesce?
>
> **Sì, mangio del pesce.**

1. Prendi il caffè?//

   Sì, prendo del caffè.//

2. Vuoi il formaggio?//

   Sì, voglio del formaggio.//

3. Bevi l'acqua?//

   Sì, bevo dell'acqua.//

4. Ordini gli spinaci?//

   Sì, ordino degli spinaci.//

5. Prepari i dolci?//

   Sì, preparo dei dolci.//

6. Cucini le patate?//

   Sì, cucino delle patate.//

B. Answer the following questions in the affirmative, using **alcuni** or **alcune**. Follow the model and repeat each answer after the speaker.

> ESEMPIO: Hai conosciuto nuovi amici?
>
> **Sì, ho conosciuto alcuni nuovi amici.**

1. Desideri informazioni?//

   Sì, desidero alcune informazioni.//

2. Hai fatto telefonate?//

   Sì, ho fatto alcune telefonate.//

3. Hai comprato buoni vini?//

   Sì, ho comprato alcuni buoni vini.//

4. Hai visto film interessanti?//

   Sì, ho visto alcuni film interessanti.//

5. Hai preparato cene eleganti?//

   Sì, ho preparato alcune cene eleganti.//

C. Answer the following questions in the affirmative, using **qualche** or **un po' di.** Make all other necessary changes. Follow the models and repeat each answer after the speaker.

    ESEMPI: Hai comprato il latte?

                Sì, ho comprato un po' di latte.

                Hai visto film italiani?

                Sì, ho visto qualche film italiano.

1. Hai mangiato della pasta?//

   Sì, ho mangiato un po' di pasta.//

2. Hai amiche italiane?//

   Sì, ho qualche amica italiana.//

3. Hai bevuto del caffè?//

   Sì, ho bevuto un po' di caffè.//

4. Hai conosciuto degli stranieri?//

   Sì, ho conosciuto qualche straniero.//

5. Vuoi del formaggio?//

   Sì, voglio un po' di formaggio.//

6. Mangi della frutta?//

   Sì, mangio un po' di frutta.//

D. Imagine you have just lost a lot of weight. Your friend asks you about your diet and the routine you followed. Answer the following questions, using the cues you hear and **qualche** when the partitive is necessary. Follow the models and repeat each answer after the speaker.

> ESEMPI: Conosci diete poco rigide? (Sì)
>
> **Sì, conosco qualche dieta poco rigida.**
>
> Ci sono ingredienti proibiti? (No)
>
> **No, non ci sono ingredienti proibiti.**

1. Hai perso molti chili? (Sì)//

   Sì, ho perso qualche chilo.//

2. Hai fatto molte cure dimagranti? (Sì)//

   Sì, ho fatto qualche cura dimagrante.//

3. Hai usato creme speciali? (No)//

   No, non ho usato creme speciali.//

4. Hai preparato piatti speciali? (Sì)//

   Sì, ho preparato qualche piatto speciale.//

5. Hai usato condimenti? (No)//

   No, non ho usato condimenti.//

6. Hai bevuto succhi di frutta? (Sì)//

   Sì, ho bevuto qualche succo di frutta.//

L'imperativo

A. Answer the following questions in the affirmative, using the correct form of the informal imperative. Follow the models and repeat each answer after the speaker.

> ESEMPI: Mangio le patate?
>
> **Sì, mangia le patate!**
>
> Prepariamo la cena?
>
> **Sì, preparate la cena!**

1. Scrivo gli inviti?//

   Sì, scrivi gli inviti!//

2. Chiudiamo le finestre?//

   Sì, chiudete le finestre!//

3. Portiamo il dolce?//

   Sì, portate il dolce!//

4. Prendiamo il caffè?//

   Sì, prendete il caffè!//

5. Apro la porta?//

   Sì, apri la porta!//

6. Finisco la pasta?//

   Sì, finisci la pasta!//

7. Dormiamo?//

   Sì, dormite!//

8. Puliamo la cucina?//

   Sì, pulite la cucina!//

B. Listen to each sentence. Then form new sentences, using the cues you hear and the informal imperative form of the verb. Follow the model and repeat each answer after the speaker.

ESEMPIO: Bambini, andate fuori! (Costanza)

   Costanza, va' fuori!

1. Giovanni, esci di casa! (noi)//

   Usciamo di casa!//

2. Diamo una mano alla signora! (Paolo)//

   Paolo, da' una mano alla signora!//

3. Sara, di' buongiorno alla nonna! (Paolo e Mario)//

   Paolo e Mario, dite buongiorno alla nonna!//

4. Facciamo la spesa! (Giuseppe)//

   Giuseppe, fa' la spesa!//

5. Abbiamo compassione! (Rita e Giovanna)//

   Rita e Giovanna, abbiate compassione!//

6. Venite qui! (Luisa)//

   Luisa, vieni qui!//

7. Siamo generosi! (Renata)//

   Renata, sii generosa!//

8. Siamo gentili! (Roberta e Renata)//

Roberta e Renata, siate gentili!//

9. Ragazzi, state fermi! (Mario)//

Mario, sta' fermo!//

C. Answer the following questions in the negative using the informal imperative. Follow the model and repeat each answer after the speaker.

ESEMPIO: Prepariamo l'insalata?

No, non preparate l'insalata!

1. Esco dopo cena?//

No, non uscire dopo cena!//

2. Facciamo la doccia?//

No, non fate la doccia!//

3. Compro la verdura?//

No, non comprare la verdura!//

4. Partiamo domani?//

No, non partite domani!//

5. Rimango al mare?//

No, non rimanere al mare!//

6. Vengo al cinema?//

No, non venire al cinema!//

D. Answer the following questions in the affirmative using the informal imperative. Follow the model and repeat each answer after the speaker.

ESEMPIO: Devo svegliarmi presto?

Sì, svegliati presto.

1. Dobbiamo lavarci?//

Sì, lavatevi!//

2. Devo alzarmi?//

Sì, alzati!//

3. Dobbiamo vestirci?//

Sì, vestitevi!//

4. Devo pettinarmi?//

   Sì, pettinati!//

5. Dobbiamo truccarci?//

   Sì, truccatevi.//

E. Answer the following questions in the affirmative using the informal imperative. Replace all direct and indirect objects with the appropriate object pronouns. Follow the models and repeat each answer after the speaker.

ESEMPI: Possiamo metterci gli stivali?

   Sì, metteteveli!

   Posso dare l'invito a Carlo?

   Sì, daglielo!

1. Posso fare una doccia?//

   Sì, falla!//

2. Possiamo dire la verità a Luisa?//

   Sì, ditegliela!//

3. Posso darti le chiavi?//

   Sì, dammele!//

4. Posso farti una proposta?//

   Sì, fammela!//

5. Posso dirti un segreto?//

   Sì, dimmelo!//

6. Possiamo mettere il latte nel frigo?//

   Sì, mettetecelo!//

7. Posso andare al cinema?//

   Sì, vacci!//

8. Possiamo pensarci?//

   Sì, pensateci!//

9. Posso stare a casa?//

   Sì, stacci!//

10. Posso dare alcune ricette a Carlo?//

    Sì, dagliene alcune!//

F. Listen to each of the following sentences. Then in your lab manual rewrite each sentence, using the informal negative imperative. Replace all direct and indirect objects with the appropriate object pronouns. You will hear each sentence twice.

> ESEMPIO: *You hear:* Fate una dieta!
>
> *You write:* Non fatela! *or* Non la fate!

1. Va' in vacanza!//

2. Vestitevi in fretta!//

3. Dimmi la verità!//

4. Fategli un favore!//

5. Dammi un aiuto!//

6. Fammi un piacere!//

Now check your answers with the key.

G. Answer the following questions in the affirmative, using the formal imperative. Follow the models and repeat each answer after the speaker.

> ESEMPI: Telefono a Giovanni?
>
> **Sì, telefoni a Giovanni!**
>
> Telefoniamo a Luisa?
>
> **Sì, telefonino a Luisa!**

1. Preparo la cena?//

   Sì, prepari la cena!//

2. Porto una torta?//

   Sì, porti una torta!//

3. Mettiamo i piatti sul tavolo?//

   Sì, mettano i piatti sul tavolo!//

4. Unisco il riso alla cipolla?//

   Sì, unisca il riso alla cipolla!//

5. Aggiungiamo i fagioli?//

   Sì, aggiungano i fagioli!//

6. Esco stasera?//

   Sì, esca stasera!//

H. Imagine that you and a friend decide to get back in shape. You go to a health spa where the experts tell you what you must do. Listen to each sentence. Then form a new sentence by changing the informal imperative to the formal imperative. Repeat each answer after the speaker.

ESEMPIO: Perdi qualche chilo!

Perda qualche chilo!

1. Alzati presto!//

   Si alzi presto!//

2. Andate a fare del footing!//

   Vadano a fare del footing!//

3. Usate una crema rassodante!//

   Usino una crema rassodante!//

4. Stacci per una settimana!//

   Ci stia per una settimana!//

5. Non abbiate fretta!//

   Non abbiano fretta!//

6. Non perdere la speranza!//

   Non perda la speranza!//

7. Coricatevi presto!//

   Si corichino presto!//

8. Rilassati!//

   Si rilassi!//

9. Giocate a tennis!//

   Giochino a tennis!//

10. Non mangiate cibi pesanti!//

    Non mangino cibi pesanti!//

I. Answer the following questions about a recipe using the cues you hear and the formal imperative. Replace all direct and indirect objects with the appropriate object pronouns. Follow the model and repeat each answer after the speaker.

ESEMPIO: Devo frullare i pomodori? (Sì)

Sì, li frulli!

1. Dobbiamo soffriggere la cipolla? (No)//

   No, non la soffriggano!//

2. Devo mettere l'acqua nella pentola? (Sì)//

   Sì, ce la metta!//

3. Dobbiamo aggiungere il formaggio? (No)//

   No, non lo aggiungano!//

4. Devo mescolare gli spaghetti? (Sì)//

   Sì, li mescoli!//

Il periodo ipotetico

A. Listen to the following sets of sentences. Then in your lab manual write a hypothetical sentence using the cues you hear. You will hear each set of sentences twice.

> ESEMPIO: *You hear:* Cucinerai tu. Verrò a cena da te.
>
> *You write:* Se cucinerai tu, verrò a cena da te.

1. Mangiamo poco. Dimagriamo.//

2. Ti metterai a dieta. Perderai qualche chilo.//

3. Seguirete la mia ricetta. La pizza sarà ottima.//

4. I cibi sono genuini. Non fanno male.//

Now check your answers with the key.

B. Listen to each of the following sentences. You will hear a beep in place of the verbs. In your lab manual, circle the form of the verb needed to complete each sentence. You will hear each sentence twice.

1. Se sapessi cucinare non (*beep*) i surgelati.//

2. Se noi (*beep*) grassi, ci metteremmo a dieta.//

3. Se Luisa avesse soldi, (*beep*) la chirurgia plastica.//

4. (*beep*) il formaggio, se ne avessi bisogno.//

5. Condireste l'insalata, se (*beep*) l'olio.//

Now check your answers with the key.

C. Complete each of the following sentences using the cues you hear. Follow the models and repeat each answer after the speaker.

> ESEMPI: Non mi sarei sentito male, se (mangiare meno)
>
> **Non mi sarei sentito male, se avessi mangiato meno.**
>
> Se avessi ascoltato i tuoi consigli, (trovarmi meglio)
>
> **Se avessi ascoltato i tuoi consigli, mi sarei trovato meglio.**

1. Laura avrebbe cucinato meglio, se (seguire le mie ricette)//

   Laura avrebbe cucinato meglio, se avesse seguito le mie ricette.//

2. Se si fossero stancati del solito cibo, (cambiare trattoria)//

   Se si fossero stancati del solito cibo, avrebbero cambiato trattoria.//

3. Avreste mangiato il dolce, se non (mangiare troppa pasta)//

   Avreste mangiato il dolce, se non aveste mangiato troppa pasta.//

4. Se tu avessi comprato verdura fresca, il contorno (essere più saporito)//

   Se tu avessi comprato verdura fresca, il contorno sarebbe stato più saporito.//

D. You will hear a series of incomplete statements about Italian food and eating habits. In your lab manual, circle the phrase that best completes each statement. You will hear the first part of each statement twice.

1. Se gli italiani hanno tempo//

2. Se potessimo scegliere//

3. Non avrei mai comprato i surgelati//

4. Mangeremmo più carne//

5. Se seguirete la dieta mediterranea//

6. Se viaggiamo nelle varie regioni italiane//

7. Se mia nonna avesse potuto//

8. Se loro fossero italiani//

Comprensione auditiva

Now stop the tape. In your lab manual, complete the prelistening activities (**Prepariamoci ad ascoltare**) and study the listening strategy section (**Strategie**).

Ascoltiamo

Nelle due registrazioni che seguono ascolterai le spiegazioni per alcune ricette di cucina e per aver buona cura delle proprie mani. Ascolta (più volte) le registrazioni e poi fa' gli esercizi nel tuo manuale d'ascolto.

Registrazione 1

CAMERIERE: Buongiorno.

ROBERTO: Buongiorno. Un tavolo per due per favore.

CAMERIERE: Prego. Cosa prendono per primo?

ROBERTO: Vediamo un po'... uh... Cosa c'è di buono?

CAMERIERE: Abbiamo il risotto all'ortolana, i tortellini alla Tonino e i bucatini all'amatriciana, che sono molto buoni.

RENATA: Come sono preparati i tortellini alla Tonino?

CAMERIERE: I tortellini alla Tonino? Sono serviti con una salsa di burro, formaggio, prosciutto, tagliato a pezzetti e panna. Sono davvero buoni.

RENATA: No. La panna è troppo pesante. Con questo caldo preferisco qualcosa di più leggero. Io prendo il risotto all'ortolana. Tu cosa prendi, Roberto?

ROBERTO: Anche per me il risotto all'ortolana.

CAMERIERE: Bene. E come secondo?

ROBERTO: Prendiamo la specialità della casa?

RENATA: L'arrosto alla boscaiola? Com'è preparato?

CAMERIERE: È un piatto molto semplice, ma molto buono. L'arrosto alla boscaiola è praticamente un filetto avvolto nella pancetta con qualche rametto di rosmarino e altre erbe aromatiche. Poi viene legato con lo spago, infilato allo spiedo e cotto al girarrosto. È servito con una salsa a base di erbe, funghi e vino rosso.

ROBERTO: Uh... sembra davvero delizioso. Io vorrei provarlo.

RENATA: Anch'io. E per piacere, ci porti anche una bottiglia di acqua minerale gassata.

ROBERTO: E un litro di vino rosso locale. Renata, tu lo prendi il contorno?

RENATA: Mah! non lo so. Che verdura c'è?

CAMERIERE: Pomodori, patate, spinaci, insalata e zucchine.

RENATA: Per me un'insalata verde.

ROBERTO: Io prendo gli spinaci con un po' di olio e limone.

RENATA: Mmm... questo risotto è proprio buono. Mi piacerebbe provare a farlo a casa. Chissà come lo preparano? Ma tanto è inutile. Lo sai che io sono proprio negata per la cucina.

ROBERTO: Ma! Guarda, Renata, che è un piatto che io preparo spesso. Non è affatto complicato. Potresti farlo anche tu. Prima soffriggi un po' di cipolla in una padella con l'olio. Poi aggiungi dei piselli, degli asparagi e delle zucchine affettate e li fai insaporire. Falli cuocere una decina di minuti. Intanto trulla i pomodori pelati. Uniscili alle verdure e fa' cuocere tutto altri cinque minuti. In ultimo aggiungi il riso e lo fai cuocere per una quindicina di minuti con un po' di brodo. Quando è cotto, aggiungici solo un po' di burro e parmigiano. Guarda che è veramente facile, e non ci metti niente a farlo.

RENATA: Eh Roberto, facile per te che in cucina ci sai fare. Io non saprei proprio dove incominciare. In cucina mi innervosisco sempre.

ROBERTO: Ma dai che stai esagerando. E cosa fai quando sei sola? Mangi sempre fuori?

RENATA: Vado a casa di mia sorella. Lei sì che è una brava cuoca. Oppure se sono proprio disperata, preparo la mia unica specialità: spaghetti alla carbonara.

ROBERTO: Ah sì, sai preparare la carbonara? Ma allora, scusa, sei proprio brava. Sentiamo un po' come li prepari. È il mio piatto preferito. Vediamo se posso imparare qualcosa. Dai, su! Sentiamo.

RENATA: Beh!... Prendo quattro uova per mezzo chilo di spaghetti, ahm... della pancetta, ah... un po' d'olio. Mentre gli spaghetti cuociono, faccio soffriggere, in una padella, la pancetta tagliata, a pezzetti. A parte poi sbatto le uova, e... uhm!, ah sì, avevo dimenticato il parmigiano. Ci vuole parecchio parmigiano grattugiato. Poi ci aggiungo la pancetta soffritta e mescolo tutto bene. Scolo gli spaghetti e li condisco. Vedi che è molto facile.

ROBERTO: Ma allora non è vero che non sai cucinare! Complimenti!

RENATA: Dai Roberto! Non mi prendere in giro.

Registrazione 2

1. Volete mani da star? Lo smalto è d'obbligo, ma deve essere sempre impeccabile. Ecco perché è importante prima una buona manicure, da ripetere anche quando una sola unghia appare scheggiata.

2. Prima di bagnare le mani con l'acqua, correggete la forma delle vostre unghie con una lima di cartone. Accorciate, limate e arrotondate bene l'unghia.

3. Immergete quindi le dita nell'acqua e spazzolatele con cura per eliminare tutte le impurità. Quindi risciacquatele e asciugatele bene.

4. Applicate una crema specifica per le mani e massaggiatela lentamente lungo le dita.

5. Stendete poi una lozione emolliente intorno all'unghia e lasciatela agire per cinque minuti. Si tratta di un'operazione indispensabile per ammorbidire le cuticole.

6. A questo punto spingete indietro le pellicine usando un bastoncino in legno d'arancio.

7. Prima di applicare lo smalto e solo dopo aver asciugato le mani, stendete un velo di base trasparente che protegge l'unghia e assicura migliore tenuta dello smalto. Lo smalto va applicato per tre mani consecutive.

8. Eliminate l'eccesso di smalto con un bastoncino di cotone imbevuto in acetone.

Fine del capitolo 9.

Capitolo 10

Il fascismo, la guerra e il neorealismo

Strutture

L'infinito

A. Listen to each of the following sentences. Then in your lab manual rewrite each sentence, replacing the noun with the corresponding infinitive and making all other necessary changes. You will hear each sentence twice.

> ESEMPIO: *You hear:* Le chiacchiere non servono.
>
> *You write:* Chiacchierare non serve.

1. Il fumo fa male.//

2. Il gioco è divertente.//

3. Le passeggiate fanno bene.//

4. La lettura è istruttiva.//

Now check your answers with the key.

B. Answer the following questions in the affirmative, replacing the nouns with the appropriate object pronouns. Follow the model and repeat each answer after the speaker.

> ESEMPIO: Pensavi di andare a Roma?
>
> **Sì, pensavo di andarci.**

1. Hai deciso di studiare la storia?//

   Sì, ho deciso di studiarla.//

2. Dovevate obbedire al dittatore?//

   Sì, dovevamo obbedirgli.//

3. Il fascismo obbligava a prendere la tessera?//

   Sì, il fascismo obbligava a prenderla.//

4. Sei disposto a giustificare le tue idee?//

   Sì, sono disposto a giustificarle.//

5. Eri il solo a credere alla propaganda?//

   Sì, ero il solo a crederci.//

C. Say what you know about the following people. Answer the questions you hear, using the cues in your lab manual and adding the appropriate preposition when necessary. Follow the model and repeat each answer after the speaker.

> ESEMPIO: *You hear:* Che cosa sai di Giovanni?
>
> *You see:* sperare / diventare medico
>
> *You say:* Giovanni spera di diventare medico.

1. Che cosa sai di Mario?//

   Mario è disposto a trasferirsi.//

2. Che cosa sai di Carla?//

   Carla si prepara a dare un esame.//

3. Che cosa sai di Fiorenza?//

   Fiorenza comincia a stancarsi del suo lavoro.//

4. Che cosa sai di Andrea?//

   Andrea continua a fare l'avvocato.//

5. Che cosa sai di Giulio e Fabio?//

   Giulio e Fabio credono di essere medici bravissimi.//

6. Che cosa sai di Margherita?//

   Margherita spera di trovare lavoro.//

D. A friend of your grandfather is telling you about his life during the fascist period. Complete each sentence, using the past infinitive and the cues you hear. Follow the model and repeat each answer after the speaker.

> ESEMPIO: Mi sono iscritto al partito. (senza capire bene com'era)
>
> **Mi sono iscritto al partito, senza aver capito bene com'era.**

1. Ho creduto alla propaganda. (prima di informarmi accuratamente)//

   Ho creduto alla propaganda, prima di essermi informato accuratamente.//

2. Mi sono pentito. (dopo sapere la verità)//

   Mi sono pentito, dopo aver saputo la verità.//

3. Ho odiato la guerra. (dopo stare al fronte)//

   Ho odiato la guerra, dopo essere stato al fronte.//

4. Ho giudicato gli eventi. (senza leggere niente)//

   Ho giudicato gli eventi, senza aver letto niente.//

5. Non potevo comprendere il presente. (senza studiare la storia passata)//

   Non potevo comprendere il presente, senza aver studiato la storia passata.//

6. Combattei nella Resistenza. (dopo uscire dal partito)//

   Combattei nella Resistenza, dopo essere uscito dal partito.//

Il gerundio

A. Sometimes you have to do two things at the same time. Say what two things the following people are doing, using the cues you hear and the present gerund. Follow the model and repeat each answer after the speaker.

> ESEMPIO: Luigi mangia. (ascoltare la radio)
>
> **Luigi mangia ascoltando la radio.**

1. Paolo studia. (guardare la televisione)//

   Paolo studia guardando la televisione.//

2. Giovanna e Renata leggono il giornale. (bere un caffè)//

   Giovanna e Renata leggono il giornale bevendo un caffè.//

3. Arianna fa i compiti. (accarezzare il gatto)//

   Arianna fa i compiti accarezzando il gatto.//

4. Noi disegniamo. (canticchiare una canzone)//

   Noi disegniamo canticchiando una canzone.//

5. Voi raccontate i fatti. (annotare i particolari)//

   Voi raccontate i fatti annotando i particolari.//

B. Restate each of the following sentences using the gerund. Follow the model and repeat each answer after the speaker.

> ESEMPIO: Mentre studiavo, prendevo appunti.
>
> **Studiando, prendevo appunti.**

1. Mentre passi dalla piazza, incontri un amico.//

   Passando dalla piazza, incontri un amico.//

2. Se impari la storia, puoi capire la politica.//

   Imparando la storia, puoi capire la politica.//

3. Quando sappiamo la verità, affrontiamo meglio i problemi.//

   Sapendo la verità, affrontiamo meglio i problemi.//

4. Se vi preparate bene, potete passare all'esame.//

   Preparandovi bene, potete passare all'esame.//

5. Se dirai ciò che pensi, sarai creduto.//

   Dicendo ciò che pensi, sarai creduto.//

6. Quando fa un discorso, il professore si innervosisce.//

   Facendo un discorso, il professore si innervosisce.//

7. Mentre conduce i soldati, il generale si dimostra coraggioso.//

   Conducendo i soldati, il generale si dimostra coraggioso.//

8. Quando pongono delle domande, gli studenti sono imbarazzati.//

   Ponendo delle domande, gli studenti sono imbarazzati.//

C. Answer the following questions, using the cues you hear and the present progressive. Follow the model and repeat each answer after the speaker.

> ESEMPIO: Che cosa fai? (mangiare)
>
> **Sto mangiando.**

1. Che cosa fate? (leggere un racconto)//

   Stiamo leggendo un racconto.//

2. Che cosa fanno? (bere il tè)//

   Stanno bevendo il tè.//

3. Che cosa fai? (scrivere una sceneggiatura)//

   Sto scrivendo una sceneggiatura.//

4. Che cosa fa Laura? (dormire)//

   Laura sta dormendo.//

5. Che cosa fai? (fare la doccia)//

   Sto facendo la doccia.//

6. Che cosa fate? (chiudere le finestre)//

   Stiamo chiudendo le finestre.//

7. Che cosa fanno i ragazzi? (uscire)//

   I ragazzi stanno uscendo.//

8. Che cosa fanno i bambini? (vestirsi)//

   I bambini si stanno vestendo.//

D. Say what the following people were doing when you arrived. Restate each sentence, changing the verb you hear from the imperfect to the past progressive. Follow the model and repeat each answer after the speaker.

   ESEMPIO: Rita studiava.

   Rita stava studiando.

1. Paolo e Luigi finivano la lezione.//

   Paolo e Luigi stavano finendo la lezione.//

2. Giulia chiudeva la porta.//

   Giulia stava chiudendo la porta.//

3. Tu e Mario guardavate un film.//

   Tu e Mario stavate guardando un film.//

4. Paolo si lavava.//

   Paolo si stava lavando.//

E. Answer the following questions, using the cues you hear and the present or past progressive. Replace all direct and indirect objects with the appropriate object pronouns. Follow the model and repeat each answer after the speaker.

   ESEMPIO: Studi la lezione? (Sì)

   Sì, la sto studiando.

1. Ascoltano la radio? (No)//

   No, non la stanno ascoltando.//

2. Telefonavate a Mario? (Sì)//

   Sì, gli stavamo telefonando.//

3. Rispondeva a Giulia? (No)//

   No, non le stava rispondendo.//

4. Dicevi buongiorno alla signora? (Sì)//

   Sì, le stavo dicendo buongiorno.//

5. Davate le chiavi alla signora? (Sì)//

   Sì, gliele stavamo dando.//

6. Offri l'aranciata a Mario? (Sì)//

   Sì, gliela sto offrendo.//

7. Vendevano dei libri? (No)//

   No, non ne stavano vendendo.//

8. Accompagnate i ragazzi a casa? (Sì)//

   Sì, ce li stiamo accompagnando.//

F. Answer the following questions, using the cues you hear and the past gerund. Follow the model and repeat each answer after the speaker.

ESEMPIO: Che cosa ha fatto Maria dopo aver mangiato? (uscire)

   Avendo mangiato, è uscita.

1. Che cosa avete fatto dopo aver finito la scuola? (cercare lavoro)//

   Avendo finito la scuola, abbiamo cercato lavoro.//

2. Che cosa ha fatto Lisa dopo aver studiato? (andare al cinema)//

   Avendo studiato, è andata al cinema.//

3. Che cosa hai fatto dopo aver vinto la lotteria? (fare un bel viaggio)//

   Avendo vinto la lotteria, ho fatto un bel viaggio.//

4. Che cosa avete fatto dopo aver guardato la televisione? (addormentarsi)//

   Avendo guardato la televisione, ci siamo addormentati.//

5. Che cosa avete fatto dopo esservi innamorati? (sposarsi)//

   Essendoci innamorati, ci siamo sposati.//

6. Cosa hanno fatto i ragazzi dopo essersi ammalati? (restare a casa)//

   Essendosi ammalati, sono restati a casa.//

G. The following passage is from the diary of a young woman who lived in Italy in the 1940s. You will hear two short sentences. Listen to each pair of sentences, then combine them into a single sentence, using the past gerund. Follow the model and repeat each answer after the speaker.

ESEMPIO: Abbiamo sofferto molto. Adesso siamo felici con poco.

   Avendo sofferto molto, adesso siamo felici con poco.

1. Ho perduto la mia casa. Mi sono sentita disperata.//

   Avendo perduto la mia casa, mi sono sentita disperata.//

2. Sono andati in guerra. I miei fratelli ancora non tornano.//

    Essendo andati in guerra, i miei fratelli ancora non tornano.//

3. Ha detto di non disperarsi. Mia madre si mostra molto fiduciosa.//

    Avendo detto di non disperarsi, mia madre si mostra molto fiduciosa.//

4. Non si era iscritto al partito. Mio padre aveva perso il lavoro.//

    Non essendosi iscritto al partito, mio padre aveva perso il lavoro.//

5. Siamo sfollati in campagna. Abbiamo avuto sempre da mangiare.//

    Essendo sfollati in campagna, abbiamo avuto sempre da mangiare.//

6. Ha trovato un nuovo lavoro. Mio padre adesso è felice.//

    Avendo trovato un nuovo lavoro, mio padre adesso è felice.//

Il participio

A. Listen to the following sentences. Then restate each one, using the present participle of the verb you hear and making all necessary changes in agreement. Follow the model and repeat each answer after the speaker.

> ESEMPIO: È un discorso. (interessare)
>
> **È un discorso interessante.**

1. È un'idea. (brillare)//

    È un'idea brillante.//

2. È una propaganda. (convincere)//

    È una propaganda convincente.//

3. Questi sono i numeri. (vincere)//

    Questi sono i numeri vincenti.//

4. È una barzelletta. (divertire)//

    È una barzelletta divertente.//

5. Sei dalla parte. (perdere)//

    Sei dalla parte perdente.//

6. È una risposta. (soddisfare)//

    È una risposta soddisfacente.//

B. Restate each of the following sentences, using the past participle in the absolute construction. Follow the model and repeat each answer after the speaker.

      ESEMPIO: Dopo aver capito i problemi, li hanno risolti.

                Capiti i problemi, li hanno risolti.

1. Dopo aver spiegato le sue idee, se ne è andato.//

   Spiegate le sue idee, se ne è andato.//

2. Dopo aver scattato le foto, ha lasciato la città.//

   Scattate le foto, ha lasciato la città.//

3. Dopo essersi allontanati dal paese, non sono più ritornati.//

   Allontanatisi dal paese, non sono più tornati.//

4. Dopo essersi convinto dei suoi errori, si è pentito.//

   Convintosi dei suoi errori, si è pentito.//

C. Listen to the following passage describing people's reactions to the end of World War II. You will hear a beep in place of the verbs. In your lab manual, circle the form of the verb needed to complete each sentence. You will hear each sentence twice.

1. (*beep*) i soldati degli alleati, la gente si è commossa.//

2. Dopo (*beep*) per le strade, tutti si sono abbracciati.//

3. (*beep*) tutta la notte, la gente è rincasata all'alba.//

4. Pur (*beep*) della rovina della guerra, nessuno era disperato.//

5. (*beep*) coraggio, ognuno ha ricominciato a vivere.//

6. Dopo (*beep*) l'uno con l'altro, tutti si sentivano fratelli.//

7. (*beep*) voglia di raccontare le proprie esperienze, tanti si sono messi a scrivere.//

8. Dopo (*beep*) le proprie esperienze, giornalisti e scrittori si sentivano vicini alla gente comune.//

9. Anche i registi del cinema volevano raccontare le verità sociali per (*beep*) la vita delle classi più povere.//

10. (*beep*) tante cose prima nascoste dal regime, la gente ha cominciato ad aprire gli occhi.//

Now check your answers with the key.

Now stop the tape. In your lab manual, complete the prelistening activities (**Prepariamoci ad ascoltare**) and study the listening strategy section (**Strategie**).

Ascoltiamo

Nelle tre registrazioni che seguono ascolterai delle lezioni sulla storia italiana dalla fine della Prima Guerra Mondiale all'avvento del fascismo. Ascolta (più volte) le registrazioni e poi fa' gli esercizi nel tuo manuale d'ascolto.

Registrazione 1

L'Italia uscì dalla Prima Guerra Mondiale vittoriosa, ma l'entusiasmo per la vittoria durò molto poco. A conclusione della guerra, infatti, il Trentino, la città di Trieste, l'Alto Adige e l'Istria furono assegnati all'Italia, senza le città di Fiume e la Dalmazia, tanto importanti per molti italiani. Questo provocò un forte risentimento e una profonda delusione che accentuarono lo scontento diffuso nel Paese per la guerra e il suo esito. Da qui nacque il concetto di «vittoria mutilata», cioè parziale.

Passata la tempesta della guerra, l'Italia si ritrovava anche in uno stato di grave crisi economica che concerneva diversi strati sociali tra la popolazione: i contadini che tornavano dalla guerra trovavano la stessa miseria e povertà dei campi che avevano lasciato al momento della partenza; gli ufficiali che avevano combattuto duramente per tutta la durata della guerra ritrovavano soltanto la poco piacevole prospettiva di una moneta fortemente inflazionata e quindi di uno stipendio non più sufficiente per vivere bene, e non si sentivano ricompensati adeguatamente per i tre duri anni di guerra. Tutti si chiedevano:—Per questo si era combattuto? Per questo si erano fatti tanti sacrifici? Seicentomila italiani erano morti per questo?—Allora la guerra era stata una vera follia.

Registrazione 2

Pochi anni della storia dell'Italia moderna (con l'eccezione forse del 1943), sono, come il 1919, anni di profonda e generale crisi della società e dello Stato e di fermento rivoluzionario. Tutto il mondo del lavoro era in agitazione e tutti facevano sciopero. Nelle campagne del Lazio e dell'Italia meridionale i contadini, reduci dalla guerra, furono organizzati e incoraggiati dalle associazioni che ci erano formate tra gli ex combattenti, e spesso occupavano le terre dei ricchi proprietari, costringendo il governo a legalizzare in qualche modo la loro appropriazione dei campi. A giugno di quell'anno in diverse città ci furono violente agitazioni contro il carovita. A volte queste agitazioni assunsero aperto carattere insurrezionale. Nel luglio dello stesso anno uno sciopero generale, che ebbe un successo limitato, venne attuato in segno di solidarietà con la Russia rivoluzionaria.

Le differenze ideologiche tra i vari partiti politici, e le contraddizioni esistenti all'interno dei partiti stessi, impedivano la formazione di un governo con una maggioranza stabile e funzionante che risolvesse i grandi problemi sociali, economici e politici che dividevano il Paese. Nel 1919, Benito Mussolini, la cui ideologia era stata originariamente di tipo socialista-populista, fondò il Movimento dei Fasci. Molti credettero di trovare finalmente in Mussolini e il suo partito la fine dell'immobilismo in cui il Paese era caduto, e l'unico mezzo per fronteggiare e prevenire il predominio socialista rivoluzionario.

Registrazione 3

Benito Mussolini e i suoi seguaci svolsero una politica antioperaia e anticontadina adottando la violenza come unico mezzo di persuasione. Nel 1922 Mussolini, con un gruppo di fedeli fascisti, fece una simbolica «marcia su Roma». La debole monarchia di Vittorio Emanuele III cedette a Mussolini il governo del Paese. Subito dopo Mussolini formò un nuovo governo di cui al principio fecero parte anche politici non fascisti. All'inizio il governo di Mussolini si dimostrò efficace ed operante, particolarmente nel ristabilire l'ordine pubblico. Ma Mussolini si trasformò rapidamente in dittatore. Dopo aver eliminato tutti i suoi oppositori con l'esilio, il carcere o l'assassinio, Mussolini instaurò un regime totalitario in cui tutti i partiti politici erano proibiti, con l'eccezione del partito nazionale fascista. I sindacati e il diritto allo sciopero furono aboliti; molti libri, film e persino parole furono proibiti.

Fine del capitolo 10.

Capitolo 11

La Costituzione, il Governo e i partiti politici

Strutture

Gli aggettivi e i pronomi dimostrativi

A. Listen to each of the following sentences. Then form a new sentence, using the cues you hear and making all necessary changes. Follow the model and repeat each answer after the speaker.

> ESEMPIO: Questa lezione è importante. (capitolo)
>
> **Questo capitolo è importante.**

1. Questa ragazza è simpatica. (amica)//

   Quest'amica è simpatica.//

2. Questo parlamentare è onesto. (proposta)//

   Questa proposta è onesta.//

3. Questa notizia è incredibile. (scandalo)//

   Questo scandalo è incredibile.//

4. Quest'industriale è ricco. (imprenditori)//

   Questi imprenditori sono ricchi.//

5. Questa fabbrica è nuova. (oggetto)//

   Quest'oggetto è nuovo.//

6. Questa gente è soddisfatta. (persone)//

   Queste persone sono soddisfatte.//

B. Answer the following questions, using **quello** and the cues you hear. Follow the model and repeat each answer after the speaker.

> ESEMPIO: Che cosa vuoi comprare? (quadri originali)
>
> **Voglio comprare quei quadri originali.**

1. Che cosa preferisci? (caramelle al latte)//

   Preferisco quelle caramelle al latte.//

2. Che cosa ti piace? (propositi positivi)//

   Mi piacciono quei propositi positivi.//

3. Che cosa hai fatto? (scherzi cattivi)//

   Ho fatto quegli scherzi cattivi.//

4. Chi conosci? (amico di Luigi)//

   Conosco quell'amico di Luigi.//

5. Di che cosa hai bisogno? (voti popolari)//

   Ho bisogno di quei voti popolari.//

6. Per chi voti? (deputato nuovo)//

   Voto per quel deputato nuovo.//

C. A wealthy businessman is comparing some of his possessions to those of his major competitor. Listen to each of his statements. Then complete each one, using the appropriate form of the demonstrative pronoun **quello.** Follow the model and repeat each answer after the speaker.

   ESEMPIO: Io possiedo questa barca, e lui...

   Io possiedo questa barca, e lui quella.

1. Io possiedo questi gioielli, e lui... //

   Io possiedo questi gioielli, e lui quelli.//

2. Io possiedo quest'orologio antico, e lui... //

   Io possiedo quest'orologio antico, e lui quello.//

3. Io possiedo queste villette, e lui... //

   Io possiedo queste villette, e lui quelle.//

4. Io possiedo questo palazzo, e lui... //

   Io possiedo questo palazzo, e lui quello.//

5. Io possiedo questi quadri, e lui... //

   Io possiedo questi quadri, e lui quelli.//

6. Io possiedo questa Ferrari, e lui... //

   Io possiedo questa Ferrari, e lui quella.//

I pronomi relativi

A. Imagine that your friend Armando is making the following statements. Respond to each statement, using **Non conosco** and the relative pronoun **che.** Follow the model and repeat each answer after the speaker.

> ESEMPIO: Ho letto dei libri.
>
> **Non conosco i libri che hai letto.**

1. Ho incontrato una signora simpatica.//

   Non conosco la signora che hai incontrato.//

2. Ho invitato degli amici a casa.//

   Non conosco gli amici che hai invitato a casa.//

3. Ho visto un bel film.//

   Non conosco il film che hai visto.//

4. Un signore è venuto ieri sera.//

   Non conosco il signore che è venuto ieri sera.//

B. Listen to each of the following sentences. Then form new sentences, using the relative pronoun **cui.** Follow the model and repeat each answer after the speaker.

> ESEMPIO: Esco con questi amici.
>
> **Sono gli amici con cui esco.**

1. Scrivo su questo giornale.//

   È il giornale su cui scrivo.//

2. Ti parlo di questo scandalo.//

   È lo scandalo di cui ti parlo.//

3. Discutiamo per queste proposte.//

   Sono le proposte per cui discutiamo.//

4. Ottiene tutto con le bustarelle.//

   Sono le bustarelle con cui ottiene tutto.//

5. Credo in queste idee.//

   Sono le idee in cui credo.//

6. Ho bisogno di questa percentuale.//

   È la percentuale di cui ho bisogno.//

C. Answer the following questions in the affirmative, replacing **quale** with **cui**. Follow the model and repeat each answer after the speaker.

> ESEMPIO: Il ragazzo al quale scrivi è italiano?
>
> **Sì, il ragazzo a cui scrivo è italiano.**

1. È la casa nella quale abiti d'estate?//

   Sì, è la casa in cui abito d'estate.//

2. Hai un lavoro del quale sei soddisfatto?//

   Sì, ho un lavoro di cui sono soddisfatto.//

3. Le banche con le quali tratti sono efficienti?//

   Sì, le banche con cui tratto sono efficienti.//

4. Gli industriali dei quali mi parli sono ricchi?//

   Sì, gli industriali di cui ti parlo sono ricchi.//

5. Le idee per le quali hai combattuto sono state capite?//

   Sì, le idee per cui ho combattuto sono state capite.//

6. Gli amici ai quali hai mandato l'invito hanno risposto?//

   Sì, gli amici a cui ho mandato l'invito hanno risposto.//

D. Listen as a newly elected representative to the Parliament expresses some of her ideas and hopes. You will hear a beep in place of the relative pronoun. In your lab manual, circle the form of the relative pronoun needed to complete each sentence. You will hear each sentence twice.

1. Tutti coloro (*beep*) hanno dei problemi dovrebbero avere una voce in Parlamento.//

2. Dovrebbero anche essere liberi di esprimere (*beep*) vogliono.//   3. Il Parlamento è il luogo in (*beep*) si discutono i diritti di tutti i cittadini.//   4. Spero che nei prossimi anni, anni nei quali io sarò qui, molto sarà fatto di tutto (*beep*) ancora deve essere compiuto per il bene di tutti.//   5. Il mio partito è il solo (*beep*) possa assicurare un appoggio a tutte le minoranze etniche presenti nel nostro Paese.//   6. Voi conoscete alcune proposte per le (*beep*) mi sono impegnata in passato.//   7. Queste sono quelle per (*beep*) mi impegnerò in futuro.//

8. L'uguaglianza a (*beep*) tutti aspirano deve diventare una realtà.//   9. Questo è quello che io penso per (*beep*) riguarda le minoranze.//

Now check your answers with the key.

Il discorso indiretto

A. Listen to each of the following sentences. Then in your lab manual write a new sentence, changing the **discorso diretto** to the **discorso indiretto.** You will hear each sentence twice.

> ESEMPIO: *You hear:* Franco chiede:—Dammi il tuo appoggio.
>
> *You write:* Franco chiede di dargli il suo appoggio. *or* Franco chiede che gli dia il
>
> suo appoggio.

1. Paolo risponde:—Vorrei sapere cosa ti serve.//

2. Franco dice:—Oggi ho bisogno del tuo voto.//

3. Paolo promette:—Potrai sempre contare su di me.//

4. Franco aggiunge:—Credo che mi servano anche i voti dei vostri amici.//

5. Paolo dice:—Fa' loro queste promesse.//

6. Franco domanda:—Voteranno per me?//

Now check your answers with the key.

B. The mayor of your city made many campaign promises, but, to your disappointment, he has not kept many of them. You decide to keep a written record of the major promises he has not fulfilled. Listen to each of the following statements. Then in your lab manual write a new statement, changing the **discorso diretto** to the **discorso indiretto.** You will hear each statement twice.

> ESEMPIO: *You hear:* Ha promesso:—Tutti avranno una casa.
>
> *You write:* Ha promesso che tutti avrebbero avuto una casa.

1. Ha detto:—Credo che la giustizia debba essere uguale per tutti.//

2. Ha giurato:—Combatterò il crimine.//

3. Ha detto:—Non ho ricevuto soldi da nessuno.//

4. Ha affermato:—Scrivetemi pure tutti direttamente.//

5. Ha proclamato:—Questo è un momento storico!//

6. Ha assicurato:—Non farei mai nulla di disonesto.//

Now check your answers with the key.

Now stop the tape. In your lab manual, complete the prelistening activities (**Prepariamoci ad ascoltare**) and study the listening strategy section (**Strategie**).

Ascoltiamo

Adesso sentirai quattro registrazioni di notizie diverse sulla situazione politica italiana. Ascolta (più volte) le registrazioni e poi fa' gli esercizi nel tuo manuale d'ascolto.

Registrazione 1

Il tema del momento sono le elezioni del 6 giugno. Sarà il primo voto con le nuove regole. Tra il 6 e il 20 giugno in 1.230 (milleduecentotrenta) Comuni italiani i cittadini eleggeranno direttamente il sindaco e sceglieranno le maggioranze di governo delle città. Alla fine dell'ultimo scrutinio gli elettori sapranno, senza patti fra le segreterie di partito o trattative fra i gruppi consiliari, chi assumerà le responsabilità amministrative. Tutto grazie alla legge numero 81 del 1993 che introduce il meccanismo elettorale maggioritario e che riequilibra i poteri del cittadino rispetto a quelli dei partiti.

Registrazione 2

Come uscire da Tangentopoli e salvare la faccia. È il teorema sul quale si sono esercitati per settimane illustri esperti di diritto, parlamentari e non. Sono state elaborate numerose proposte, apparentemente differenti, ma con uno scopo comune: evitare il carcere agli imputati ed alleggerire il lavoro ai giudici. Tra ministri, ex ministri, politici, amministratori locali e manager pubblici, si calcola che gli indagati presenti e futuri non saranno meno di cinquantamila in tutta Italia. Cinquantamila imputati vogliono dire alcune migliaia di processi con un tempo medio di durata che può variare tra i sette e i dieci anni. Cioè la paralisi del sistema giudiziario.

Registrazione 3

Mario Zamorani, 44 anni, ex capo ufficio stampa del potentissimo Ettore Barnabei, ex vice direttore generale dell'Italstat, ex amministratore delegato di Metropolis, ex presidente del Consorzio Delta del Po e di Venezia disinquinamento, dopo cinquanta giorni di carcere d'isolamento, decise di parlare con i giudici di Tangentopoli. Zamorani era convinto che i giudici dell'inchiesta Mani Pulite sapessero già i nomi degli illustri personaggi politici e delle aziende private e pubbliche e che fossero a completa conoscenza del funzionamento del sistema tangenti.

Registrazione 4

Franano i partiti. «Altroché Vajont!». Per indicare le condizioni disastrate in cui la Democrazia cristiana esce dal 1992, gli amici del leader Mino Martinazzoli si richiamano al crollo della diga che trent'anni fa distrusse diversi paesi del Bellunese: nella consultazione politica del 5 aprile, infatti, lo Scudo crociato ha registrato un sensibile declino; a luglio ha perso il controllo di palazzo Chigi e ora diversi suoi esponenti locali e nazionali sono alle prese con la magistratura. Ma la Dc non è il solo partito tradizionale che sta inesorabilmente franando. Per i socialisti, ancora più screditati dallo scandalo tangenti esploso a febbraio, è lo stesso; anzi peggio. Alla fine di novembre il Psi si è spaccato in due e, ormai, va allo sbando. Frana anche il Pds. Nel '92 ha subito un netto calo delle iscrizioni, la chiusura di diverse sezioni in tutt'Italia e l'erosione in voti da parte degli ex compagni di Rifondazione. L'anno che lasciamo alle spalle ha favorito soltanto i leghisti di Umberto Bossi, entrati in massa dopo il 5 aprile nelle aule del Parlamento e in graduale crescita anche nelle amministrazioni locali dove si è votato. Il 1992, insomma, è stato l'anno degli antipartito.

Fine del capitolo 11.

Capitolo 12

L'economia: il «sistema» Italia e l'economia italiana nel mondo

Strutture

L'impersonale

A. Listen to the following sentences. Then restate each sentence, using the impersonal construction with **si.** Follow the model and repeat each answer after the speaker.

> ESEMPIO: In Italia bevono il vino.
>
> **In Italia si beve il vino.**

1. Vendono molti prodotti all'estero.//

   Si vendono molti prodotti all'estero.//

2. Coltivano l'uva.//

   Si coltiva l'uva.//

3. Producono belle cose di pelle.//

   Si producono belle cose di pelle.//

4. Dicono «In bocca al lupo» per gli esami.//

   Si dice «In bocca al lupo» per gli esami.//

5. Costruiscono automobili famose.//

   Si costruiscono automobili famose.//

6. Mangiano molta pasta.//

   Si mangia molta pasta.//

B. Answer the following questions, using the cues you hear and the impersonal construction with **si.** Follow the model and repeat each answer after the speaker.

> ESEMPIO: Che cosa si è fatto ieri? (svegliarsi tardi)
>
> **Ci si è svegliati tardi.**

1. Che cosa si è fatto ieri? (vestirsi in fretta)//

   Ci si è vestiti in fretta.//

2. Che cosa si è fatto ieri sera? (annoiarsi)//

   Ci si è annoiati.//

3. Che cosa si è fatto ieri sera? (addormentarsi presto)//

   Ci si è addormentati presto.//

4. Che cosa si è fatto la settimana scorsa? (divertirsi)//

   Ci si è divertiti.//

C. Answer the following questions using the cues you hear and the impersonal construction with si. Make the necessary changes. Follow the model and repeat each answer after the speaker.

> ESEMPIO: Che cosa avete fatto? (cucinare delle pizze)
>
> **Si sono cucinate delle pizze.//**

1. Che cosa avete fatto? (bere della birra)//

   Si è bevuta della birra.//

2. Che cosa avete fatto? (vedere alcuni amici)//

   Si sono visti alcuni amici.//

3. Che cosa avete fatto? (guardare la televisione)//

   Si è guardata la televisione.//

4. Che cosa avete fatto? (visitare un nuovo negozio)//

   Si è visitato un nuovo negozio.//

D. Answer the following questions, using the cues you hear and the impersonal construction with **si**. Make the necessary changes. Follow the model and repeat each answer after the speaker.

> ESEMPIO: Siete andati al cinema? (No)
>
> **No, non si è andati al cinema.**

1. Avete mangiato in trattoria? (Sì)//

   Sì, si è mangiato in trattoria.//

2. Avete fatto delle compere? (Sì)//

   Sì, si sono fatte delle compere.//

3. Vi siete stancati molto? (Sì)//

   Sì, ci si è stancati molto.//

4. Avete speso molto? (No)//

   No, non si è speso molto.//

5. Avete acquistato dei prodotti tipici? (Sì)//

   Sì, si sono acquistati dei prodotti tipici.//

6. Avete telefonato a tutti? (No)//

   No, non si è telefonato a tutti.//

E. Imagine you are a buyer for a famous American company and you have just arrived in Italy. A client is talking to you about his products and the Italian fashion industry. Listen to each of his statements. Then restate each one, using the impersonal construction with **si**. Follow the model and repeat each answer after the speaker.

   ESEMPIO: In Italia facciamo ottime scarpe.

   In Italia si fanno ottime scarpe.

1. In quel negozio abbiamo speso sempre poco.//

   In quel negozio si è speso sempre poco.//

2. Questa sera visiteremo una fabbrica di borse.//

   Questa sera si visiterà una fabbrica di borse.//

3. Hanno appena organizzato delle sfilate di alta moda.//

   Si sono appena organizzate delle sfilate di alta moda.//

4. Potremmo andare a cercare gli accessori.//

   Si potrebbe andare a cercare gli accessori.//

5. Qui fanno vestiti bellissimi.//

   Qui si fanno vestiti bellissimi.//

6. Potremmo fabbricare tutti gli oggetti che vuole.//

   Si potrebbero fabbricare tutti gli oggetti che vuole.//

7. Fra imprenditori ci siamo capiti sempre bene.//

   Fra imprenditori ci si è capiti sempre bene.//

8. Con i compratori stranieri ci metteremo d'accordo.//

   Con i compratori stranieri ci si metterà d'accordo.//

La forma passiva

A. Listen to the following sentences. Then restate each one, using the passive construction and making all necessary changes. Follow the model and repeat each answer after the speaker.

> ESEMPIO: L'artigiano fa le ceramiche.
>
> **Le ceramiche sono fatte dall'artigiano.**

1. La Ferrari vende molte automobili.//

   Molte automobili sono vendute dalla Ferrari.//

2. La Fiat fabbrica grandi trattori.//

   Grandi trattori sono fabbricati dalla Fiat.//

3. Gli artisti restaurano quadri antichi.//

   Quadri antichi sono restaurati dagli artisti.//

4. Alcune fabbriche costruiscono elicotteri.//

   Elicotteri sono costruiti da alcune fabbriche.//

5. L'industria della moda sostiene gran parte dell'economia.//

   Gran parte dell'economia è sostenuta dall'industria della moda.//

6. Le aziende esportano tanti prodotti all'estero.//

   Tanti prodotti sono esportati all'estero dalle aziende.//

B. Answer the following questions, using the cues you hear and the passive construction. Follow the model and repeat each answer after the speaker.

> ESEMPIO: Chi ha presentato quei modelli? (una giovane stilista)
>
> **Quei modelli sono stati presentati da una giovane stilista.**

1. Chi ha comprato quelle azioni? (una ditta privata)//

   Quelle azioni sono state comprate da una ditta privata.//

2. Chi ha organizzato la mostra? (un imprenditore)//

   La mostra è stata organizzata da un imprenditore.//

3. Chi ha comprato quel vestito? (una signora americana)//

   Quel vestito è stato comprato da una signora americana.//

4. Chi ha disegnato le nuove lampade? (una giovane architetta)//

   Le nuove lampade sono state disegnate da una giovane architetta.//

C. Answer the following questions, using the cues you hear and the passive construction. Follow the model and repeat each answer after the speaker.

> ESEMPIO: Gli italiani hanno pagato le tasse? (Sì)
>
> **Sì, le tasse sono state pagate dagli italiani.**

1.   Le aziende hanno aumentato la produzione? (No)//

  No, la produzione non è stata aumentata dalle aziende.//

2.   Lo Stato aiuterà le aziende in crisi? (Sì)//

  Sì, le aziende in crisi saranno aiutate dallo Stato.//

3.   I costi di produzione hanno provocato la disoccupazione? (No)//

  No, la disoccupazione non è stata provocata dai costi di produzione.//

4.   Il cambio del dollaro aveva incrementato l'esportazione? (Sì)//

  Sì, l'esportazione era stata incrementata dal cambio del dollaro.//

D. Listen to the following sentences. Then restate each one, using the passive construction with **andare** or **venire**. Follow the models and repeat each answer after the speaker.

> ESEMPI: I ragazzi erano aiutati dai genitori.
>
> **I ragazzi venivano aiutati dai genitori.**
>
> I nostri benefattori devono essere ringraziati.
>
> **I nostri benefattori vanno ringraziati.**

1.   I disegni devono essere rinnovati.//

  I disegni vanno rinnovati.//

2.   I soldi devono essere spesi attentamente.//

  I soldi vanno spesi attentamente.//

3.   Gli esempi saranno usati per illustrare l'economia.//

  Gli esempi verranno usati per illustrare l'economia.//

4.   La casa fu venduta per ricavare del profitto.//

  La casa venne venduta per ricavare del profitto.//

5.   Tutta la merce dovrà essere venduta.//

  Tutta la merce andrà venduta.//

6.   I negozi dovettero essere riforniti per Natale.//

  I negozi andarono riforniti per Natale.//

7. Gli amici sono trattati con simpatia.//

Gli amici vengono trattati con simpatia.//

E. Imagine that you are an entrepreneur explaining how you became successful. Then restate each of your statements, using the passive construction. Follow the model and repeat each answer after the speaker.

ESEMPIO: Mi ha aiutato uno zio.

Sono stato aiutato da uno zio.

1. I miei genitori mi avevano sempre incoraggiato.//

Ero sempre stato incoraggiato dai miei genitori.//

2. L'insegnante delle elementari mi aiutò molto.//

Fui aiutato molto dall'insegnante delle elementari.//

3. I miei nonni mi lasciarono un'azienda.//

Un'azienda mi fu lasciata dai miei nonni.//

4. Avevo subito abbassato i costi di produzione.//

I costi di produzione erano stati subito abbassati da me.//

5. Io e i miei fratelli abbiamo diviso i profitti con gli operai.//

I profitti sono stati divisi con gli operai da me e dai miei fratelli.//

6. La mia iniziativa ha incrementato l'entusiasmo degli operai.//

L'entusiasmo degli operai è stato incrementato dalla mia iniziativa.//

7. Noi aumenteremo l'esportazione sempre di più.//

L'esportazione sarà aumentata sempre di più da noi.//

8. Tutti noi controlleremo sempre meglio la qualità dei nostri prodotti.//

La qualità dei nostri prodotti sarà controllata sempre meglio da tutti noi.//

Gli interrogativi

A. Listen to Michele's answers to the questions his roommate Simone has asked him. Then, in your lab manual write the missing questions. You will hear each statement twice.

ESEMPIO: *You hear:* È la macchina da scivere di Luigi.

You write: Di chi è la macchina da scrivere?

1. È un computer portatile.//

2. L'ho comprato in un negozio in centro.//

3. I libri sono sulla scrivania.//

4. Parlo solo due lingue.//

5. È la nuova stampante di mia sorella.//

6. Giorgio torna domani.//

7. Leggo solo giornali di sport, non di politica.//

8. È Giuseppe che mi ha appena telefonato.//

Now check your answers with the key.

B. Listen to the following statements. Then formulate the appropriate question for each statement. Follow the model and repeat each answer after the speaker.

    ESEMPIO: Parto da Napoli.

                   Da dove parti?

1. Preparo le tasse.//

   Che cosa prepari?//

2. Esco con gli amici.//

   Con chi esci?//

3. Abito in California da dieci anni.//

   Da quanti anni abiti in California?//

4. Ho tanti amici.//

   Quanti amici hai?//

5. Questa Ferrari è di Fabrizio.//

   Di chi è questa Ferrari?//

6. Non compro questi prodotti, ma compro quelli.//

   Quali prodotti compri?//

7. Non so se voglio questo o quello.//

   Quale vuoi?//

8. Lavoro molto.//

   Quanto lavori?//

9. Non sto facendo nulla.//

   Cosa stai facendo?//

10. Mi sento benissimo.//

   Come ti senti?//

11. Voglio fare così, perché è meglio.//

   Perché vuoi fare così?//

C. Listen as the manager of a successful factory tells you how she improved production. In your lab manual, circle the question that best corresponds to each of the manager's statements. You will hear each statement twice.

1. Ho speso molto nel rinnovare i locali.//

2. Ho assunto personale specializzato.//

3. Ho tre commercialisti.//

4. Produciamo macchine perfette.//

5. Il padrone precedente mi ha aiutata.//

6. All'inizio ho fatto tanti sacrifici.//

7. Fra tante, ho preso la giusta decisione.//

Now check your answers with the key.

Comprensione auditiva

Now stop the tape. In your lab manual, complete the prelistening activities (**Prepariamoci ad ascoltare**) and study the listening strategy section (**Strategie**).

Ascoltiamo

Nella registrazione che segue ascolterai parte di una conferenza sul costo dell'amministrazione pubblica in Italia, paragonata ad altri paesi europei. Ascolta (più volte) la registrazione e poi fa' gli esercizi nel tuo manuale d'ascolto.

Registrazione

Che l'Italia viva molto al di sopra delle sue possibilità sembra ormai essere una voce diffusa tra le comunità internazionali. E l'amministrazione pubblica è una conferma di questa realtà.

Il primo grafico mostra l'incidenza delle retribuzioni pubbliche sul prodotto interno lordo di alcuni paesi europei. Come si vede dal grafico, la media della Cee è 11,8%, e l'Italia, che ogni anno spende il 12,6% del suo prodotto interno lordo in stipendi per gli impiegati statali, è al secondo posto, molto al di sopra della media della comunità europea. La Francia con il 13,6% è al primo posto, seguono il Regno Unito con l'11,8%, la Spagna con il 10,8% e la Germania con il 9,6%.

Nel secondo grafico invece vediamo come vengono pagati dall'Italia e da altri tre Paesi europei quattro dipendenti pubblici che lavorano in differenti settori, quali scuola, sanità, ferrovie ed enti locali. Il Regno Unito spende ogni anno il 21% in più dell'Italia, mentre la Francia spende il 7% in meno e la Germania il 24% in più. Nel settore sanità tutti gli altri Paesi spendono meno dell'Italia, il Regno Unito il 34% in meno, la Francia il 20% in meno e la Germania il 22% in meno. Anche nel settore ferrovie l'Italia spende di più degli altri tre Paesi europei. Il Regno Unito spende il 37% in meno, la Francia il 13% in meno e la Germania il 33% in meno. Nel settore enti locali la situazione non cambia molto. Anche qui l'Italia spende più degli altri. Il Regno Unito spende l'11% in meno, la Francia il 20% in meno e la Germania l'8% in meno.

Negli anni Ottanta gli stipendi dei pubblici dipendenti che prima avevano sempre seguito a una certa distanza quelli del settore privato, innestano una marcia alta e fanno il sorpasso. Tra il 1988 e il 1991, le buste paga degli impiegati statali aumentano a un ritmo doppio di quelle dell'industria. Ma, mentre nell'industria privata ci sono anche stati aumenti di produttività, la macchina burocratica statale, al contrario, non sembra averne registrati di significativi.

Guardiamo ora il terzo grafico, che mostra l'andamento di alcuni semplici «indicatori di produttività» in quattro settori dell'amministrazione pubblica. Vediamo che nel settore della scuola il rapporto tra insegnanti e alunni è andato peggiorando, perché, nonostante la diminuzione di ragazzi, il numero degli insegnanti è aumentato. Infatti, mentre nel 1985 c'erano 11 alunni per ogni insegnante, nel 1989 ce ne sono solo 9 per ogni insegnante. La stessa tendenza si nota nel settore finanze dove vediamo la produttività andare da 52 accertamenti per dipendente a 47. Nelle poste e nei trasporti urbani, invece vediamo un lieve aumento nella produttività. Nel 1985 nel settore poste ad ogni dipendente corrispondevano 30 lettere, nel 1989 ne corrispondevano 37; nel settore trasporti urbani nel '85 il dipendente medio percorreva 10 chilometri e nell' '89 11.

Spesso è difficile stabilire quanto costano queste differenze al «sistema» del Paese, ma qualche volta è possibile calcolarlo. Per le esportazioni questo è stato fatto. I costi amministrativi in Italia pesano per circa il due per cento del valore totale delle nostre merci esportate, cioè 4 mila miliardi. In Germania invece l'incidenza dei costi doganali e amministrativi è nulla, come pure in Francia e in Spagna.

Nonostante tutti questi dati, il dipendente pubblico italiano non è soddisfatto del proprio lavoro. Mentre l'83% dei funzionari pubblici francesi è soddisfatto del proprio lavoro, da noi l'inerzia dovuta alla scontentezza è un male endemico. Una delle cause è senz'altro la mancanza di prospettive di carriera basate sul merito. Una volta conquistato il posto, il dipendente pubblico pensa in genere soltanto alla busta paga. In un apparato inefficiente, al dipendente pubblico non c'è voluto molto a maturare due vizi capitali: l'accidia e l'avidità. La pubblica amministrazione è diventata un esercito fatto tutto di generali.

Fine del capitolo 12.

Gli italiani e le questioni sociali

S trutture

Gli aggettivi e i pronomi indefiniti

A. Answer the following questions in the affirmative, using the correct form of **tutto**. Follow the model and repeat each answer after the speaker.

> ESEMPIO: Gli stranieri sono arrivati in albergo?
>
> **Sì, tutti gli stranieri sono arrivati in albergo.**

1. Le istituzioni sono inefficienti?//

   Sì, tutte le istituzioni sono inefficienti.//

2. Il commercio della droga è in aumento?//

   Sì, tutto il commercio della droga è in aumento.//

3. Molti cittadini sono sfiduciati?//

   Sì, tutti i cittadini sono sfiduciati.//

4. Hai letto gli articoli sulle sfilate di moda?//

   Sì, ho letto tutti gli articoli sulle sfilate di moda.//

5. Si occupano dell'arredamento?//

   Sì, si occupano di tutto l'arredamento.//

6. Ti piace l'architettura moderna?//

   Sì, mi piace tutta l'architettura moderna.//

B. Restate the following sentences using **ogni** and making all necessary changes. Follow the model and repeat each answer after the speaker.

> ESEMPIO: Ho ascoltato tutte le registrazioni.
>
> **Ho ascoltato ogni registrazione.**

1. Tutti i pregiudizi vanno combattuti.//

   Ogni pregiudizio va combattuto.//

2. Bisogna arrestare tutti i politici corrotti.//

   Bisogna arrestare ogni politico corrotto.//

3. Bisogna capire tutte le mentalità diverse.//

   Bisogna capire ogni mentalità diversa.//

4. Tutte le razze vanno rispettate.//

   Ogni razza va rispettata.//

C. Restate each of the following sentences, using the cue you hear and making all necessary changes. Follow the model and repeat each answer after the speaker.

   ESEMPIO: Ogni cultura va rispettata. (tutte)

   Tutte le culture vanno rispettate.

1. C'è qualche problema. (molti)//

   Ci sono molti problemi.//

2. Hanno dei pregiudizi. (alcuni)//

   Hanno alcuni pregiudizi.//

3. Conosco delle caratteristiche degli italiani. (qualche)//

   Conosco qualche caratteristica degli italiani.//

4. Tutti i giudizi sono superficiali. (qualsiasi)//

   Qualsiasi giudizio è superficiale.//

5. Mi preoccupo delle inefficienze nel sistema. (ciascuna)//

   Mi preoccupo di ciascuna inefficienza nel sistema.//

6. Qualsiasi regalo comprerai, sarà bello. (qualunque)//

   Qualunque regalo comprerai, sarà bello.//

D. A well-known journalist is describing some of the characteristics of the Italian people. You will hear a beep in place of the indefinite adjective or pronoun. In your lab manual, circle the word needed to complete each statement. You will hear each statement twice.

1. Fra gli italiani, (*beep*) non credono nel governo.   2. (*beep*) dubita della validità delle istituzioni.//   3. Però (*beep*) sono convinti che qualcosa di buono ci sia comunque in un governo democratico.//   4. (*beep*) crede di avere una risposta ai problemi.   5. (*beep*) propone le sue soluzioni.//   6. (*beep*) problemi, come il clientelismo, sono di origine molto antica.//

7. (*beep*) questioni invece sono più recenti.   8. Nonostante (*beep*) i suoi problemi, però, l'Italia attrae sempre tanti stranieri.//   9. (*beep*) conosca un po' gli italiani, spesso apprezza tutte le loro caratteristiche.//   10. In qualunque persona, infatti, e in ogni popolazione c'è sempre (*beep*) di positivo.//

Now check your answers with the key.

L'uso delle preposizioni

A. Answer the following questions using the cues you hear. Follow the model and repeat each answer after the speaker.

> ESEMPIO: Con chi esci stasera? (Giulio)
>
> **Esco con Giulio.**

1. Di chi è quest'idea? (professore)//
   È del professore.//

2. In che cosa hai fiducia? (famiglia)//
   Ho fiducia nella famiglia.//

3. Di che cosa hai bisogno? (aiuto)//
   Ho bisogno di aiuto.//

4. A chi dovresti obbedire? (genitori)//
   Dovrei obbedire ai genitori.//

5. Che cosa speri di fare? (capire gli italiani)//
   Spero di capire gli italiani.//

6. Di che cosa ti piace parlare? (sport)//
   Mi piace parlare di sport.//

7. Dove stai andando? (Roma)//
   Sto andando a Roma.//

8. Dove ceni stasera? (mia zia)//
   Ceno da mia zia.//

9. Che scarpe hai comprato? (tennis)//
   Ho comprato scarpe da tennis.//

10. Di che cosa sono fatte le scarpe? (pelle)//
    Le scarpe sono fatte di pelle.//

11. Di dove sei? (Napoli)//

   Sono di Napoli.//

12. Da chi è stato scritto il romanzo? (Calvino)//

   Il romanzo è stato scritto da Calvino.//

B. Listen to the following sentences. You will hear a beep in place of the prepositions. In your lab manual, circle the preposition needed to complete each sentence. You will hear each statement twice.

1. Sono contento (*beep*) aver lasciato il mio paese.//

2. Sono pronto (*beep*) fare di tutto per laurearmi.//

3. Sono sicuro (*beep*) poter far carriera all'estero.//

4. Sono felice (*beep*) avere amici onesti.//

5. Milano è più grande (*beep*) Napoli.//

6. Esco sempre (*beep*) pomeriggio, mai (*beep*) sera.//

7. È un uomo (*beep*) quarant'anni.//

8. A Firenze ci sono (*beep*) cinquecentomila abitanti.//

9. Discutiamo sempre (*beep*) politica.//

10. Parto (*beep*) una settimana.//

11. Mi piace guardare i film (*beep*) televisione.//

12. Leggiamo le notizie (*beep*) giornale.//

Now check your answers with the key.

C. You have just met a young Italian woman who is anxious to know more about you. Answer her questions, using the cues you hear and the appropriate preposition. Follow the model and repeat each answer after the speaker.

   ESEMPIO: Dove vai a scuola? (liceo)
              Vado al liceo.

1. Dove studi? (biblioteca)//

   Studio in biblioteca.//

2. Quando finirà l'anno scolastico? (due mesi)//

   L'anno scolastico finirà tra due mesi.//

3. Dove andate il sabato tu e i tuoi amici? (cinema e discoteca)//

   Andiamo al cinema e in discoteca.//

4. Dove vai quest'estate? (estero)//

   Vado all'estero.//

5. Dove? (Francia)//

   In Francia.//

6. In che città? (Parigi)//

   A Parigi.//

7. Dove starai a Parigi? (certi parenti)//

   Starò da certi parenti.//

8. Come ci vai? (aereo)//

   Ci vado in aereo.//

9. Dove hai trovato le informazioni sulla scuola francese? (una rivista)//

   Ho trovato le informazioni su una rivista.//

10. Quando hai cominciato a studiare il francese? (bambina)//

    Ho cominciato a studiare il francese da bambina.//

Preposizioni e congiunzioni

Listen to the story of an immigrant who moved from Southern Italy to the North looking for a better job. You will hear a beep in place of the prepositions and conjunctions. In your lab manual, circle the preposition or conjunction needed to complete the sentences. You will hear each statement twice.

1. (*beep*) la morte dei miei genitori, ho deciso di cambiare città.// 2. (*beep*) loro morissero, non avevo il coraggio di abbandonarli, ma da quando sono rimasto solo con mia moglie, ho venduto la casetta.// 3. (*beep*) ad allora non sapevo dove andare, ma subito dopo la vendita della casa, non ho avuto più dubbi.// 4. (*beep*) l'aiuto e l'appoggio di mia moglie non sarei stato capace di andarmene al Nord.// 5. Ma lei, (*beep*) le dovessi spiegare niente, mi ha capito e incoraggiato.// 6. Ora siamo qui a Milano e non mi trasferirò più, (*beep*) non andrò in pensione.// 7. Ho trovato lavoro subito, quasi (*beep*) cercarlo, perché qui avevo dei cari parenti.//

Now check your answers with the key.

I verbi di percezione e l'infinito

A. Answer the following questions, using the cues you hear and the infinitive. Follow the model and repeat each answer after the speaker.

> ESEMPIO: Hai visto tuo fratello che usciva? (No)
>
> **No, non ho visto mio fratello uscire.**

1. Hai visto la polizia che arrestava i ladri? (Sì)//

   Sì, ho visto la polizia arrestare i ladri.//

2. Hai notato la folla che si radunava in piazza? (Sì)//

   Sì, ho notato la folla radunarsi in piazza.//

3. Hai osservato gli studenti che uscivano dal liceo? (No)//

   No, non ho osservato gli studenti uscire dal liceo.//

4. Hai ascoltato il cantante che spiegava la sua nuova canzone? (Sì)//

   Sì, ho ascoltato il cantante spiegare la sua nuova canzone.//

B. You have just returned from two weeks in Rome and are telling a friend about your trip. She asks you various questions about the people and the things you saw. Answer her questions in the affirmative, using **ho visto** and replacing the nouns with the appropriate pronouns. Follow the model and repeat each answer after the speaker.

> ESEMPIO: Il vigile fermava gli automobilisti?
>
> **Sì, ho visto il vigile fermarli.**

1. La gente prendeva il caffè al bar?//

   Sì, ho visto la gente prenderlo al bar.//

2. Tanti compravano le riviste dal giornalaio?//

   Sì, ho visto tanti comprarle dal giornalaio.//

3. Molti usavano il cellulare per la strada?//

   Sì, ho visto molti usarlo per la strada.//

4. Le donne portavano le scarpe all'ultima moda?//

   Sì, ho visto le donne portarle.//

5. I muratori stavano restaurando i monumenti?//

   Sì, ho visto i muratori restaurarli.//

6. I ragazzi andavano in discoteca spesso?//

   Sì, ho visto i ragazzi andarci spesso.//

Now stop the tape. In your lab manual, complete the prelistening activities (**Prepariamoci ad ascoltare**) and study the listening strategy section (**Strategie**).

Ascoltiamo

Nelle seguenti registrazioni sentirai le opinioni di diverse persone intervistate a proposito del problema dell'immigrazione in Italia. Ascolta (più volte) le registrazioni e poi fa' gli esercizi nel tuo manuale d'ascolto.

Registrazione 1

Eh! Magari fosse così facile!! Altro che alloggi gratuiti! A noi una casa non ce la dà nessuno. Chi volete che lo dia un tetto a persone come noi? Se riusciamo a trovare uno squallido buco, ci sembra un miracolo! Magari ci mettiamo in venti in una stanza, senza riscaldamento né acqua calda. E poi ci dicono che siamo sporchi.

Registrazione 2

Queste sono tutte belle idee, ma poi nella pratica è tutto molto complicato. Io sono assolutamente contrario alla discriminazione razziale, ma il discorso è molto più complesso. Nella mia fabbrichetta per esempio ho dato lavoro a un extracomunitario. Sarà anche una brava persona, ma Lei sa cosa vuol dire lavorare sempre con gente che ha una mentalità diversa, usi e costumi che non sono come i nostri? È difficile abituarcisi, farsi capire, non fosse altro che per il problema della lingua. Va bene che certi imparano subito, ma vengono in Italia che non sanno neanche una parola d'italiano e gli dici qualcosa e non sanno che gli hai detto. Poi sul posto del lavoro creano gelosie, c'è sempre tensione. La legge li protegge, va bene, ma anche troppo. Non succedeva mica così ai nostri immigranti quando andavano all'estero. Io non ce l'ho con loro, per carità, io razzista non sono mai stato. Per me il colore della pelle non ha nessun significato. Ma dico io... ! con tutti gli italiani che abbiamo disoccupati, dare il lavoro a questa gente!!! ma scherziamo! Sa quanti italiani ci sono ancora che farebbero qualsiasi lavoro! Di questi tempi, voglio dire, con la crisi che c'è, uno prende quello che capita. E poi c'è il problema della casa, figuriamoci, è difficile per noi altri italiani trovare un appartamento in affitto, ci mancherebbe di doverlo trovare anche per loro.

Registrazione 3

Il problema ovviamente è abbastanza delicato, perché da una parte in effetti se uno è troppo rigido sulle sue posizioni può passare per razzista nei confronti appunto di queste persone immigrate, d'altra parte, data la situazione dell'economia in cui ci si trova è pur vero che equiparando questi immigrati con i cittadini italiani, questi ultimi vengono a trovarsi in un certo svantaggio, perché ovviamente con le nuove disposizioni di legge che sono state emanate negli ultimi anni, gli extra-comunitari sono equiparati ai cittadini italiani. Hanno gli stessi diritti di iscrizione presso l'ufficio di collocamento, e godono in caso di assicurazione delle stesse retribuzioni, e questo mi sembra giusto e civile. Da un punto di vista umano è giusto, ma mi sembra un po' eccessivo, perché sono equiparati anche per tutti i problemi sociali, anche per la casa, per ottenere gli alloggi, le case popolari, e così per la sanità e le pensioni. Ed è giusto, ma un po' eccessivo: anche la casa che è un diritto viene va-nificato poi per i cittadini italiani, essendoci anche gli extracomunitari che concorrono alle assegna-zioni degli alloggi popolari. Mi sembra però, d'altro canto, ritornando al lavoro, che è un punto basilare, che pure si deve dire che spesse volte i lavori che gli extracomunitari vanno a svolgere sono in realtà le occupazioni che sempre più frequentemente i lavoratori italiani tendono ad evitare, come il lavoro domestico. Oppure fanno i manovali edili, o esempio classico di un lavoro ormai svolto esclusivamente dagli extracomunitari, è quello stagionale, come la raccolta dei pomodori.

Registrazione 4

Sono arrivato in Italia con una borsa di studio in ingegneria. Mi restavano solo pochi esami alla laurea, ma ho finito i soldi e sono stato costretto ad abbandonare gli studi. Non ho trovato niente di meglio che fare il venditore ambulante. Ma in un certo senso io sono fortunato. Pensare che alcuni miei compagni non hanno nemmeno questo e devono rivolgersi a organizzazioni che gli danno da mangiare e magari qualcosa da mettersi addosso. Dormono fuori o alla stazione, e poi vanno alla Caritas per mangiare. In estate pure riescono a guadagnare qualche soldo con la raccolta dei pomodori, lavoro duro e precario. Ma d'inverno lavoro davvero non ce n'è.

Registrazione 5

Nel nostro Paese vediamo crescere un clima di intolleranza nei confronti degli immigrati, e questo è triste. Ogni giorno purtroppo assistiamo a nuove scene di violenza contro gli extracomunitari. Ma non dobbiamo dimenticarci che la solidarietà e la comprensione tra le razze e le culture diverse sono un patrimonio che va protetto e diffuso in ogni società che si dica civile. Io lo dico sempre, che dob-biamo rispettare i principi fondamentali dell'umanità. Viviamo in un mondo multirazziale e plurietnico e dobbiamo imparare a vivere con culture e razze diverse. Non è con le quote e il numero chiuso che risolveremo i problemi dell'immigrazione. Abbiamo bisogno di leggi più democratiche, leggi che garantiscano a tutti quelli che entrano nel nostro Paese gli stessi diritti e doveri di quelli che qui vi sono nati. E siamo proprio noi italiani, che per tanti anni abbiamo mandato i nostri cittadini più poveri e disperati per il mondo in cerca di una vita migliore, che dovremmo capire e apprezzare le ingiustizie che devono subire gli extracomunitari. Chiediamo al Governo una nuova legge che regolarizzi i lavoratori clandestini, e ci opponiamo ad ogni ipotesi del «numero chiuso». Proprio non è questo il modo cristiano di agire.

Registrazione 6

L'Italia ospita più di un milione di immigrati clandestini. Quanti altri nordafricani, eritrei, etiopi, somali, mediorientali e filippini potremo ancora accogliere? Per quanti ancora credete che ci sarà posto nel nostro Paese? Il flusso migratorio va controllato, non c'è scampo. Lasciando entrare tutti rischiamo di rovinare tutto per tutti. Non possiamo assorbire più immigranti senza rischiare di sovvertire tutto il sistema sociale ed economico italiano. Se guardiamo al nostro mezzogiorno vediamo che esiste un alto tasso di disoccupazione e la presenza di tanti clandestini, che si accontentano, non dimentichiamolo, dei salari da fame del lavoro nero, non fa altro che aumentare la crisi dell'occupazione. Io proprio non sono d'accordo con quelli che dicono che è impossibile controllare il flusso di clandestini nel nostro Paese. Come mai allora gli altri Paesi europei riescono a controllare le loro frontiere? Bisogna stabilire quote precise. È l'unico modo. Non siamo più nella posizione di lasciare entrare tutti quelli che vogliono venire a stare in Italia. La cosa migliore da fare per i clandestini sarebbe di dare un aiuto concreto ai loro paesi di origine, in modo che abbiano la possibilità di una qualche attività in patria; sembrerebbe più auspicabile, diciamo così, per evitare anche effettivamente questo trauma del distacco, insomma, mi sembra, dell'impatto con una cultura completamente diversa da quella del proprio paese di origine e ovviamente anche con abitudini sociali tanto diverse.

Fine del capitolo 13.

Capitolo 14

I mass media, la stampa e la pubblicità

Strutture

Che, come e quanto in frasi esclamative

You and your friends are spending the evening at the opera. Your friends comment favorably about the evening. In your lab manual, write your reactions to their comments, using **che**, **come**, or **quanto**. You will hear each statement twice.

ESEMPIO: Siamo proprio contenti.

Come siamo contenti!

1. I canti sono bravi.//

2. Le scene sono belle.//

3. L'orchestra suona proprio bene.//

4. Il regista ha lavorato tanto.//

5. Quest'opera è sempre affascinante.//

Now check your answers with the key.

Fare + infinito

A. Answer the following questions in the affirmative, using the cues you hear and the construction **fare** + *infinitive*. Follow the model and repeat each answer after the speaker.

ESEMPIO: Ripari la macchina?

Sì, faccio riparare la macchina.

1. Metti la benzina in macchina?//

   Sì, faccio mettere la benzina in macchina.//

2. Ripulirai la casa?//

   Sì, farò ripulire la casa.//

3. Hai restaurato un quadro?//

   Sì, ho fatto restaurare un quadro.//

4. Hai piantato dei fiori?//

   Sì, ho fatto piantare dei fiori.//

5. Preparavi la cena?//

   Sì, facevo preparare la cena.//

B. Answer the following questions in the negative, using the cues you hear and the construction **fare** + *infinitive*. Replace all direct objects with the appropriate pronouns. Follow the model and repeat each answer after the speaker.

> ESEMPIO: Hai aggiustato lo stereo? (elettricista)
>
> **No, l'ho fatto aggiustare all'elettricista.**

1. Hai tagliato l'erba? (giardiniere)//

   No, l'ho fatta tagliare al giardiniere.//

2. Hai arredato la casa? (architetto)//

   No, l'ho fatta arredare all'architetto.//

3. Hai scritto le lettere? (segretaria)//

   No, le ho fatte scrivere alla segretaria.//

4. Hai comprato i dolci? (un amico)//

   No, li ho fatti comprare ad un amico.//

C. Answer the following questions in the affirmative, using the construction **fare** + *infinitive* and the appropriate direct and indirect object pronouns. Follow the model and repeat each answer after the speaker.

> ESEMPIO: I tuoi genitori ti fanno fare i compiti dopo cena?
>
> **Sì, me li fanno fare dopo cena.**

1. Farai preparare l'itinerario all'agente di viaggi?//

   Sì, glielo farò preparare.//

2. Hai fatto comprare la frutta a tuo padre?//

   Sì, gliel'ho fatta comprare.//

3. I tuoi genitori ti fanno guardare la televisione il pomeriggio?//

   Sì, me la fanno guardare.//

4. I vostri genitori vi facevano mangiare le verdure?//

   Sì, ce le facevano mangiare.//

5. Hai fatto scrivere gli inviti ai tuoi amici?//

   Sì, glieli ho fatti scrivere.//

6. Farai vedere ai tuoi figli tutti i film che vogliono?//

   Sì, glieli farò vedere.//

D. Restate the following sentences, using the construction **fare** + *infinitive*. Follow the model and repeat each answer after the speaker.

> ESEMPIO: Mi sono tagliata i capelli.
>
> **Mi sono fatta tagliare i capelli.**

1. Mi sono fatta una manicure.//

   Mi sono fatta fare una manicure.//

2. Ci siamo aggiustati la motocicletta.//

   Ci siamo fatti aggiustare la motocicletta.//

3. Si sono preparati un gran pranzo.//

   Si sono fatti preparare un gran pranzo.//

4. Vi siete costruiti una villetta.//

   Vi siete fatti costruire una villetta.//

5. Ti sei scritto la musica per la tua canzone.//

   Ti sei fatto scrivere la musica per la tua canzone.//

E. Imagine that you are a young actress and have just completed your first big acting job. Your friends ask you about your work, and you answer by telling them who did what for you. Answer the following questions in the negative, using the cues you hear. Replace the nouns with the appropriate direct and indirect object pronouns. Follow the model and repeat each answer after the speaker.

> ESEMPIO: Ti sei disegnata l'abito da sola? (Valentino)
>
> **No, me lo sono fatto disegnare da Valentino.**

1. Ti sei scelta la parte da sola? (mio agente)//

   No, me la sono fatta scegliere dal mio agente.//

2. Ti sei scritta le tue canzoni? (un musicista)//

   No, me le sono fatte scrivere da un musicista.//

3. Ti sei registrata la musica? (un tecnico)//

   No, me la sono fatta registrare da un tecnico.//

4. Ti sei comprata i tuoi costumi? (il produttore)//

   No, me li sono fatti comprare dal produttore.//

Lasciare + infinito

A. Restate the following sentences, using **lasciare** + *infinitive* and replacing the nouns with the appropriate pronouns. Follow the model and repeat each answer after the speaker.

> ESEMPIO: Permetto che tu dorma.
>
> **Ti lascio dormire.**

1. Permetto che i bambini giochino.//

   Li lascio giocare.//

2. Permetto che voi paghiate.//

   Vi lascio pagare.//

3. Permetto che le ragazze parlino.//

   Le lascio parlare.//

4. Permetto che Giovanni telefoni.//

   Lo lascio telefonare.//

5. Permetto che Maria canti.//

   La lascio cantare.//

6. Permetto che tu risponda.//

   Ti lascio rispondere.//

B. Restate the following sentences, using the imperative of **lasciare** + *infinitive*. Replace the nouns with the appropriate pronouns. Follow the model and repeat each answer after the speaker.

> ESEMPIO: Lascia cantare la canzone a Maria.
>
> **Lasciagliela cantare!**

1. Lasciate guardare la televisione ai ragazzi.//

   Lasciategliela guardare!//

2. Lascia mangiare i dolci ai bambini.//

   Lasciaglieli mangiare!//

3. Lasciate bere il caffè alla signora.//

   Lasciateglielo bere!//

4. Lascia fare la pubblicità all'esperto.//

   Lasciagliela fare!//

5. Lasciate ascoltare le canzoni ai ragazzi.//

   Lasciategliele ascoltare!//

C. Answer the following questions, using **lasciare** + *infinitive* and the cues you hear. Replace the nouns with the appropriate pronouns. Follow the model and repeat each answer after the speaker.

> ESEMPIO: Posso guardare la televisione? (Sì)
>
> **Sì, te la lascio guardare.**

1. Posso mangiare la torta? (No)//

   No, non te la lascio mangiare.//

2. Posso pagare il pranzo? (No)//

   No, non te lo lascio pagare.//

3. Posso bere un caffè? (Sì)//

   Sì, te lo lascio bere.//

4. Posso leggere il giornale? (No)//

   No, non te lo lascio leggere.//

5. Posso prendere i tuoi dischi? (Sì)//

   Sì, te li lascio prendere.//

D. Imagine that you are a television director and that your producer does not let you make many decisions. Restate the following sentences, using the construction **lasciare** + *infinitive*. Follow the model and repeat each answer after the speaker.

> ESEMPIO: Non mi ha permesso di scegliere gli attori.
>
> **Non mi ha lasciato scegliere gli attori.**

1. Non mi ha permesso di decidere la sceneggiatura.//

   Non mi ha lasciato decidere la sceneggiatura.//

2. Non mi ha permesso di cambiare i dialoghi.//

   Non mi ha lasciato cambiare i dialoghi.//

3. Non mi ha permesso di modificare la fine.//

   Non mi ha lasciato modificare la fine.//

4. Non mi ha permesso di spendere per un musicista.//

    Non mi ha lasciato spendere per un musicista.//

5. Non mi ha mai permesso di riposarmi.//

    Non mi ha mai lasciato riposare.//

E. Listen to each of the following sentences. Then in your lab manual, rewrite each one, using the subjunctive with **lasciare**. Follow the model. You will hear each sentence twice.

> ESEMPIO: Il produttore non mi ha permesso di scegliere gli attori.
>
> **Il produttore non ha lasciato che io scegliessi gli attori.**

1. Non mi ha permesso di decidere la sceneggiatura.//

2. Non mi ha permesso di cambiare i dialoghi.//

3. Non mi ha permesso di modificare la fine.//

4. Non mi ha permesso di spendere per un musicista.//

5. Non mi ha mai permesso di riposarmi.//

Now check your answers with the key.

I suffissi

A. Listen to the following descriptive phrases. Then in your lab manual, write new words using the same nouns and the corresponding modifying suffix in place of the adjective. You will hear each phrase twice.

1. una piccola casa//

2. un grande naso//

3. un cattivo ragazzo//

4. una grande porta//

5. una piccola chiesa//

6. una parola volgare//

Now check your answers with the key.

B. Your friend recently toured a TV station and is describing to you what she saw. Listen to each of her statements. Then in your lab manual, circle the correct meaning of the nouns modified by suffixes. You will hear each statement twice.

1. Il telegiornale su quel canale trasmette solo notiziole.//

2. Il regista non faceva niente e se ne stava seduto sulla sua poltroncina.//

3. Le ballerine sono arrivate tutte con grandi borsoni.//

4. In studio hanno ricostruito un vecchio paesello alla perfezione.//

5. I dialoghi erano stati scritti da un poetastro.//

6. Per il programma dei bambini hanno presentato belle canzoncine.//

7. Per celebrare la prima sera della nuova telenovella tutti hanno bevuto un buon vinello bianco.//

8. Quel famoso attore è un piccoletto che sembra molto più alto alla televisione.//

9. Alla prima attrice hanno regalato un mazzo di roselline selvatiche.//

10. Mi hanno lasciato guardare le scene attraverso un finestrino nascosto da una pianta.//

Now check your answers with the key.

Comprensione auditiva

Now stop the tape. In your lab manual, complete the prelistening activities (**Prepariamoci ad ascoltare**) and study the listening strategy section (**Strategie**).

Ascoltiamo

Ascolterai quattro registrazioni di notizie dalla radio. Ascolta (più volte) le registrazioni e poi fa' gli esercizi nel tuo manuale d'ascolto.

Registrazione 1:

NORD: Nubi alte e stratificate su tutto il settentrione, con precipitazioni nevose sulle Alpi e nebbie fitte in pianura. Temperature in lieve aumento.

CENTRO: Generalmente poco nuvoloso con nubi temporalesche più estese e con addensamenti più consistenti sul versante orientale. Le temperature tenderanno ad aumentare nei valori minimi.

SUD: Situazione identica al centro con tendenza ad una nuvolosità più compatta sul versante adriatico. Anche qui temperature in lieve aumento.

DOMANI: I venti su tutta la penisola spireranno di nuovo da nord-ovest facendo così ridiscendere le temperature sui livelli stagionali. Cieli poco nuvolosi con addensamenti sul settore nord orientale. Nevicate oltre i 1.500 metri. Netto peggioramento per dopodomani.

Registrazione 2

ARIETE: Non avere paura di rischiare in campo professionale, perché la fortuna continua a proteggere ogni tua iniziativa! In amore, abbandonati con più trasporto e fiducia alle gioie della passione. La tua salute non è molto buona: attenzione!

VERGINE: Riuscirai a conquistare la fiducia di una persona molto influente nel campo professionale! Approfittane per lanciare un progetto che da tempo ti sta a cuore.

ACQUARIO: Irrequietezza sentimentale. Una telefonata in mattinata ti lascerà distratto per tutto il giorno. È una giornata di amore e passione. Serata stimolante e divertente con gli amici. Evita la pigrizia.

Registrazione 3

Stasera la Juventus scenderà in campo alle 20,30 a Bologna, allo stadio Renato Dall'Ara, per un'amichevole con i rossoblu. L'incontro, a scopo benefico, è stato organizzato per raccogliere l'invito di tre associazioni da anni impegnate nella ricerca e nella prevenzione di gravi malattie. Tutti i proventi della «Partita della solidarietà» verranno divisi tra l'Associazione donatori midollo osseo, la Fondazione piemontese per la ricerca sul cancro e la sezione Emilia-Romagna dell'Associazione italiana per la ricerca sul cancro.

Registrazione 4

Nessuna città del mezzogiorno è in testa alla classifica dello star bene per la quale anche quest'anno «Il Sole 24 ore» ha messo a punto un dossier che, nella graduatoria da 1 a 95 (quante sono le province italiane), esprime lo stato di salute del Paese. Anche quest'anno al Nord è stato assegnato il primato del benessere economico, dando ad Aosta il primo posto nella graduatoria dello star bene. Al Sud si possono registrare soltanto alcune sorprese rispetto alla conferma generale che lascia in coda le regioni meridionali.

Se si allarga lo sguardo su tutto il Paese sono tornate in alto le quotazioni del Piemonte (dal settimo al quinto posto), del Molise, del Veneto (che è all'ottavo posto), della Liguria e dell'Abruzzo che è passato dalla quattordicesima all'undicesima postazione in graduatoria.

Tra le metropoli, tutte comunque ai primi posti per la criminalità, Milano (nonostante il caro immobili, ma anche con il miglior reddito, le più alte pensioni e i migliori depositi bancari) continua ad essere la più vivibile, seguita da Genova e da Roma, quest'ultima nonostante i primati dei maggiori protesti bancari, dei fallimenti e degli assegni a vuoto.

Ma la qualità della vita non è riscontrabile solo sui parametri del reddito, visto che la Sicilia ha diversi primati positivi sotto altri aspetti: ad Agrigento, su 10.000 famiglie, solo una coppia ha risolto le cose in tribunale con il divorzio, mentre al primo posto per il minor numero di decessi per tumore sta Enna seguita da Caltanissetta.

Fine del capitolo 14.